Herzlichen Dank an meine Mutter für ihre wertvolle Unterstützung.
M. W.

Die französische Originalausgabe erschien 2010 bei Éditions MILAN –
300, rue Léon-Joulin, 31101 Toulouse Cedex 9, Frankreich unter dem Titel
Activités pour découvrir le ciel et les planètes © Éditions MILAN.

Text: Milène Wendling
Illustration: Amandine Labarre, Fabrice Mosca
Satz und Covergestaltung: Graphicat, GrafikwerkFreiburg
Übersetzung: Melanie Vogt
Redaktion: Susanne Weisser

ISBN 978-3-8411-0114-3
Art.-Nr. VB110114

Printed in Italy

Milène Wendling

KOMPASS, MOND und STERNENHIMMEL

50 Tipps für Nachtwanderer

Illustriert von Amandine Labarre
und Fabrice Mosca

Ins Deutsche übersetzt von
Melanie Vogt

Velber
kinderbuch

Bayard

INHALTSVERZEICHNIS

SCHAU NACH OBEN!

Egal, wo du gerade bist, der Himmel ist immer in Sichtweite. Du musst nur nach oben schauen und deine Augen weit aufmachen: Dann siehst du die Sterne, die Planeten und den Mond – natürlich nur, wenn sie nicht gerade von Wolken oder den Lichtern einer Stadt verdeckt werden. Suche dir einen Ort mit uneingeschränkter Sicht. Dieser Ort soll deine geheime Sternforscherbasis werden. Von hier aus kannst du an schönen Abenden den Himmel beobachten. Mit ein bisschen Geduld kannst du schon bald die verschiedenen Sterne und Sternbilder erkennen und voneinander unterscheiden.

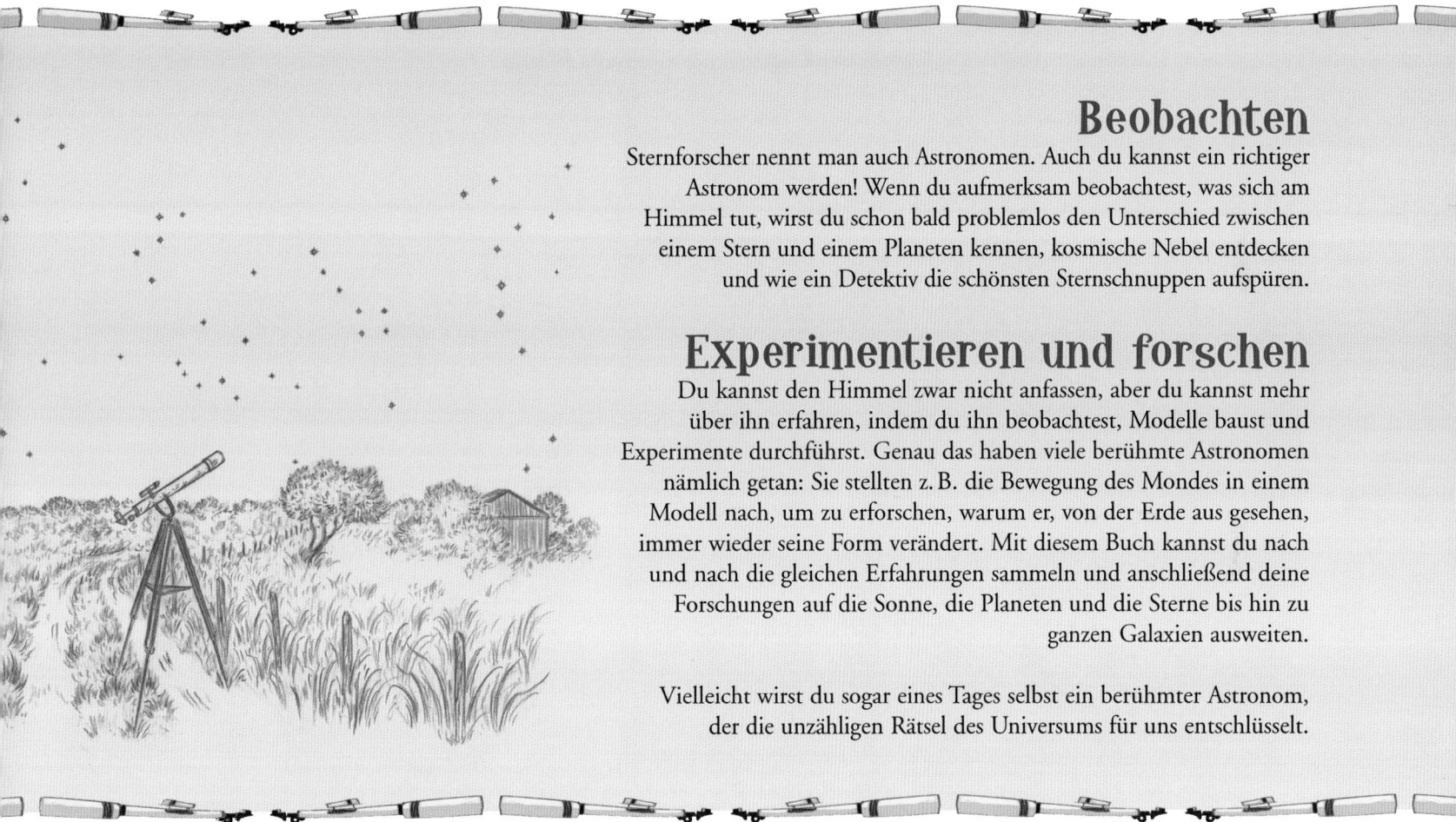

Beobachten

Sternforscher nennt man auch Astronomen. Auch du kannst ein richtiger Astronom werden! Wenn du aufmerksam beobachtest, was sich am Himmel tut, wirst du schon bald problemlos den Unterschied zwischen einem Stern und einem Planeten kennen, kosmische Nebel entdecken und wie ein Detektiv die schönsten Sternschnuppen aufspüren.

Experimentieren und forschen

Du kannst den Himmel zwar nicht anfassen, aber du kannst mehr über ihn erfahren, indem du ihn beobachtest, Modelle baust und Experimente durchführst. Genau das haben viele berühmte Astronomen nämlich getan: Sie stellten z. B. die Bewegung des Mondes in einem Modell nach, um zu erforschen, warum er, von der Erde aus gesehen, immer wieder seine Form verändert. Mit diesem Buch kannst du nach und nach die gleichen Erfahrungen sammeln und anschließend deine Forschungen auf die Sonne, die Planeten und die Sterne bis hin zu ganzen Galaxien ausweiten.

Vielleicht wirst du sogar eines Tages selbst ein berühmter Astronom, der die unzähligen Rätsel des Universums für uns entschlüsselt.

VORBEREITUNGEN

Um die Sterne auf eigene Faust zu beobachten, solltest du dich gut vorbereiten: Wähle eine Nacht mit gutem Wetter. Stelle dann die nötige Ausrüstung zusammen, wähle passende Kleidung aus und suche schließlich auf einer Karte nach dem Weg zu deiner Beobachtungsstelle.

Wetter

Während der Sommerferien bietet sich für dich die beste Gelegenheit, den Sternenhimmel zu beobachten. Denke aber daran, dass es auch im Sommer nachts sehr kalt werden kann. Im Winter sind zwar mehr Sterne am Himmel zu sehen, doch du kannst wegen der Kälte nicht so lange draußen bleiben. Das Wetter spielt auf jeden Fall immer eine große Rolle bei der Auswahl des geeigneten Tages.

Worauf du achten solltest:

- Der Himmel sollte nicht bewölkt sein.
- Es sollte höchstens schwacher Wind wehen, da der Himmel sonst sehr schnell zuziehen kann.
- Der Boden sollte trocken sein, damit du keine nassen Füße bekommst.

Künstliche Lichtquellen

Licht ist der natürliche Feind des Sternforschers. In Städten erkennt man aufgrund der vielen künstlichen Lichter viel weniger Sterne. Wähle für deine Sternenschau daher lieber einen Ort außerhalb der Stadt.

Halte ausreichend Abstand zu:

- Straßenlaternen,
- großen Gebäuden,
- Straßen (wegen der Scheinwerfer der vorbeifahrenden Autos).

Du solltest möglichst keine Vollmondnacht wählen, damit du nicht vom Mondschein gestört wirst. Und halte dich auch so weit wie möglich von Bergen und Wäldern fern, um eine freie Sicht zu haben.

Ausrüstung

Um deinen Ausflug optimal vorzubereiten, brauchst du:

👁 warme Kleidung,

👁 feste Schuhe, damit du auch durch hohes Gras laufen kannst,

👁 Mütze, Handschuhe und Schal (vor allem im Winter oder im Bergland),

👁 einen Rucksack, um deine Ausrüstung zu verstauen,

👁 eine Taschenlampe,

👁 eine Landkarte.

Nimm auch ausreichend Proviant mit, wie z. B. eine Packung Kekse, Wasser und vielleicht eine Thermosflasche mit etwas Heißem zu trinken – das hält dich an kalten Abenden schön warm!

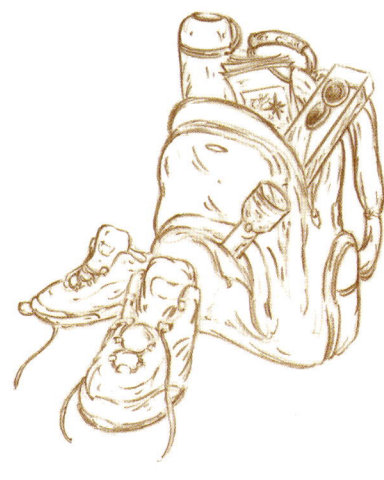

Forscherausstattung

Packe alles ein, was dir bei der Sternenbeobachtung nützlich sein könnte:

👁 eine Sternkarte (siehe Seite 28),

👁 einen Kompass (siehe Seite 26),

👁 weitere Ausrüstung wie Fernglas, Fernrohr oder Teleskop (siehe Seite 12–13),

👁 ein Heft, in dem du deine Beobachtungen und Pläne notieren kannst.

SPEZIALTASCHENLAMPE

Das Licht einer normalen Taschenlampe würde dich in der Dunkelheit blenden. Daher benötigst du eine Lampe mit rotem Licht. Du kannst sie ganz einfach selbst bauen: Befestige dazu eine rote Folie (z. B. rotes Einwickelpapier von Bonbons oder anderen Süßigkeiten) vorne an deiner Taschenlampe. Du kannst auch das Rücklicht deines Fahrrads abmontieren und für deine Sternbeobachtungen verwenden.

HILFSMITTEL

Ob in Amerika, im Himalaja oder in Deutschland – wenn du nachts den Himmel betrachtest, eröffnet sich dir immer eine Welt voller Geheimnisse. Mit der richtigen Ausrüstung kannst du sie entschlüsseln.

Deine Augen

Sie sind das erste und einfachste »Hilfsmittel« zur Beobachtung des Himmels und durch ihr großes Sichtfeld auch hervorragend geeignet. Mit den bloßen Augen siehst du:

- Tausende Sterne,
- Planeten,
- den Mond und die Sonne,
- die Milchstraße (siehe Seite 54),
- Sternschnuppen (siehe Seite 40)
- und sogar einige kosmische Nebel (siehe Seite 56) und weit entfernte Galaxien (siehe Seite 55).

Fernglas

Ein Fernglas ist leicht, einfach zu bedienen und du kannst mit beiden Augen hindurchsehen. Je nach Modell bietet es eine 7-, 8- oder sogar 10-fache Vergrößerung. Wenn du dich dafür entscheidest, ein Fernglas zu kaufen, solltest du auch auf den Durchmesser der beiden Objektive achten (z. B. 30 oder 50 mm): Je größer der Durchmesser, desto mehr Licht wird eingefangen und desto leistungsfähiger ist das Fernglas. Für den Anfang reicht ein erschwingliches Modell mit der Angabe 7 x 50 mm, also 7-fache Vergrößerung und 50 mm Objektivdurchmesser.

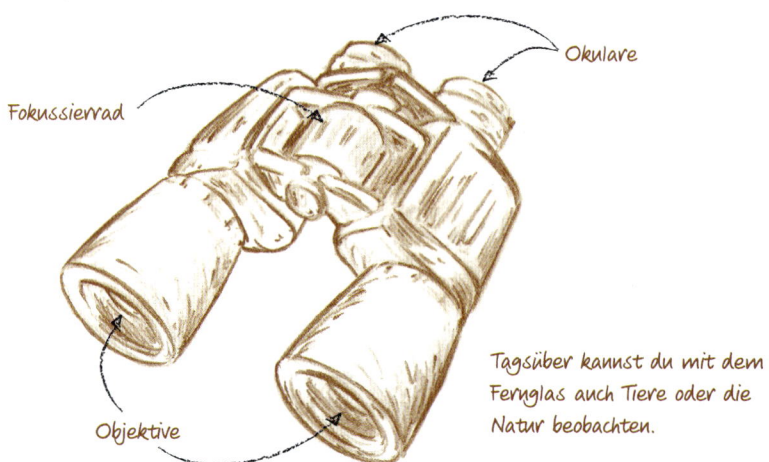

Fokussierrad

Okulare

Objektive

Tagsüber kannst du mit dem Fernglas auch Tiere oder die Natur beobachten.

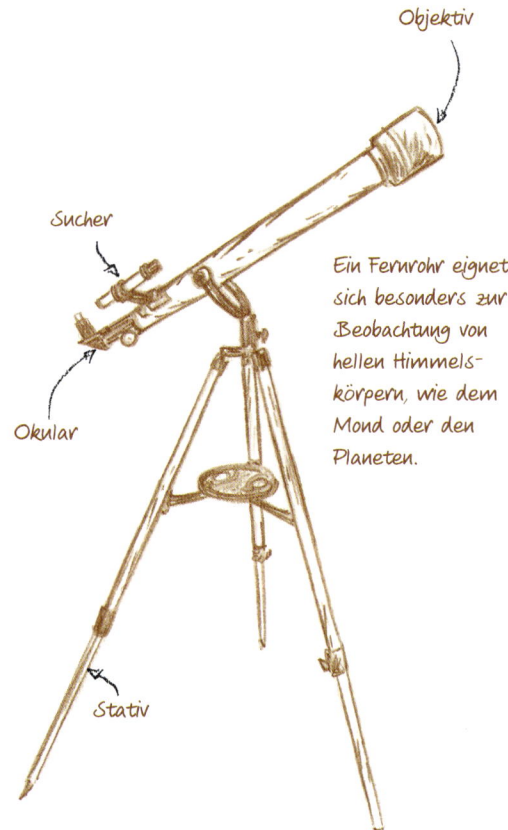

Objektiv

Sucher

Okular

Stativ

Ein Fernrohr eignet sich besonders zur Beobachtung von hellen Himmelskörpern, wie dem Mond oder den Planeten.

Fernrohr

Ein Fernrohr ist ein echtes astronomisches Instrument. Es besteht aus einem langen Rohr und Linsen. Linsen haben eine ähnliche Funktion wie Brillengläser: Sie bündeln das Licht der Sterne. Anschließend wird das Bild vergrößert. Zur Sternbeobachtung eignet sich für den Anfang ein Fernrohr mit mindestens 60 mm Objektivdurchmesser.

VORHER AUSPROBIEREN

Bei all diesen Geräten spielt die Angabe der Vergrößerung zwar eine große Rolle, doch du solltest dich vor dem Kauf selbst von der Qualität überzeugen. Dafür kannst du z. B. beim Verkäufer nachfragen, ob eine Sternwarte in deiner Nähe das Modell verwendet, das dich interessiert. So könntest du es vor dem Kauf dort ausprobieren.

Teleskop

Ein Teleskop funktioniert ähnlich wie ein Fernrohr, nur ist es größer und besitzt Spiegel anstatt Linsen. Du kannst damit viele Einzelheiten erkennen.

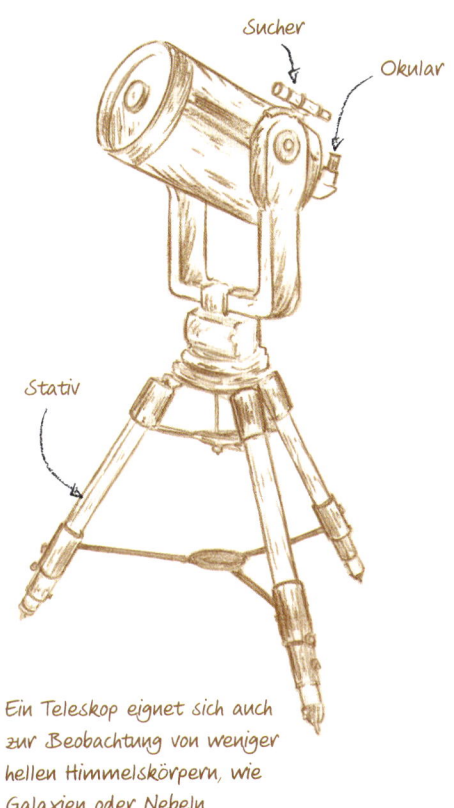

Sucher

Okular

Stativ

Ein Teleskop eignet sich auch zur Beobachtung von weniger hellen Himmelskörpern, wie Galaxien oder Nebeln.

TIPP

Damit deine Beobachtungen nicht verwackeln, ist es ratsam, dir zu deinem Instrument auch ein Stativ zu kaufen – deine Hände zittern nämlich immer ein bisschen. An die Stelle deines Auges kannst du bei einem Fernrohr oder Teleskop auch einen Fotoapparat oder eine Videokamera halten – so erhältst du ein schönes Andenken an deine nächtliche Sternbeobachtung.

SONNE UND MOND

Die Sonne und der Mond sind ständige Begleiter der Erde. Sie ordnen das gesamte Leben auf unserem Planeten und beeinflussen Tiere, Pflanzen und uns Menschen.

DIE BEWEGUNG DER SONNE

Die Sonne fasziniert seit Jahrtausenden nahezu alle Kulturen, weil ihr Licht die Erde erhellt und dadurch für Tag und Nacht sorgt. Seit jeher beobachteten die Menschen ihre Bewegung am Himmel und versuchten, diese zu ergründen.

TAG UND NACHT

Wenn du den Himmel 24 Stunden lang beobachtest, erkennst du:

☀ Morgens erscheint die Sonne im Osten.

☀ Um die Mittagszeit befindet sie sich im Süden.

☀ Am Abend verschwindet sie im Westen.

☀ In der Nacht bewegen sich die Sterne in derselben Richtung.

Man könnte daher leicht vermuten, dass alle Himmelskörper um die Erde kreisen. Doch das ist eine falsche Vorstellung: In Wirklichkeit ist es die Erde, die sich dreht – und zwar innerhalb von 24 Stunden einmal um sich selbst.

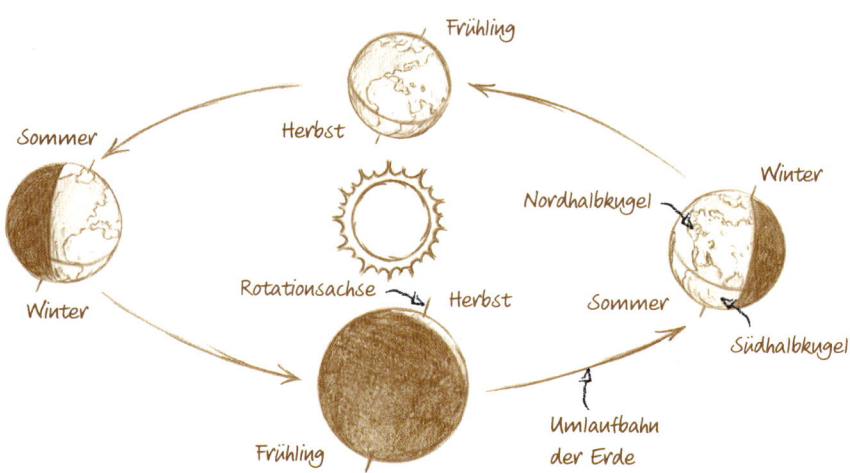

WECHSEL DER JAHRESZEITEN

Notiere jeweils zu Beginn der vier Jahreszeiten (um den 20. März, 21. Juni, 22. September und 21. Dezember) die folgenden Informationen in dein Heft:

☀ Die Dauer eines Tages: Vermerke dafür den Zeitpunkt des Sonnenaufgangs und -untergangs.

☀ Die Himmelsrichtung von Sonnenaufgang und -untergang: Verwende dafür deinen Kompass (siehe Seite 26).

☀ Die Sonnenhöhe am Mittag: Miss dazu mit deiner ausgestreckten Hand die Anzahl der Handspannen zwischen Horizont und Sonne.

Du wirst feststellen, dass im Sommer die Tage länger sind und die Sonne sehr hoch am Himmel steht. Im Winter dagegen sind die Tage kürzer und die Sonne steht tiefer. Das kommt daher, dass sich die Erde um die Sonne dreht und die Rotationsachse der Erde leicht geneigt ist.

EINE SONNENUHR BAUEN

☀ Markiere die Punkte M und M´ und übertrage die Stundenlinien wie unten abgebildet auf den Karton.

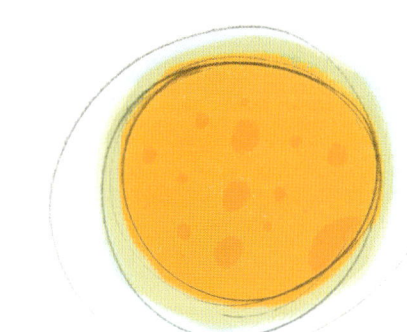

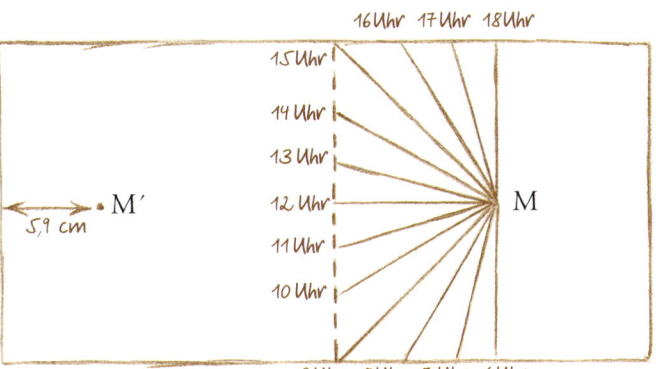

☀ Bohre ein Loch durch die Punkte M und M´.
☀ Falte den Karton an der gestrichelten Linie.
☀ Schiebe den Stab durch die beiden Löcher, sodass an Punkt M zwischen dem Stab und dem Karton ein rechter Winkel entsteht.
Tipp: Alles, wo die Spitze deines Geodreiecks genau hineinpasst, ist ein rechter Winkel. Wenn es nicht hineinpasst oder du es bewegen kannst, ist es kein rechter Winkel!

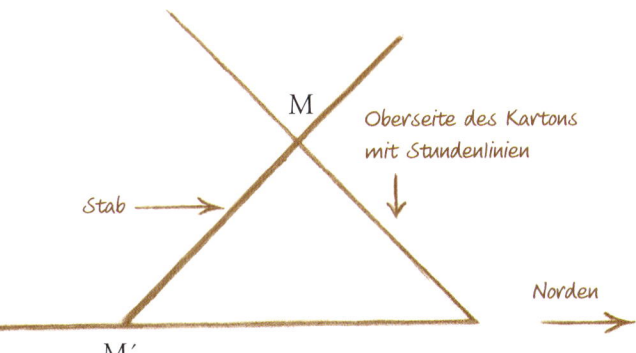

☀ Richte die Sonnenuhr so aus, dass der Stab in Richtung Norden zeigt.
☀ Der Schatten, den der Stab auf deine Sonnenuhr wirft, zeigt die sogenannte Sonnenzeit an. Um in Mitteleuropa die gleiche Uhrzeit wie auf deiner Armbanduhr zu bekommen, musst du im Winter eine Stunde und im Sommer zwei Stunden dazuzählen.

DIE SONNE BEOBACHTEN

Die Sonne strahlt so stark, dass wir das Licht von weiter entfernten Sternen in unserer Atmosphäre nicht wahrnehmen können. Die Sonne entstand vor etwa 4,55 Milliarden Jahren, und es dauert noch mindestens genauso lange, bis sie erlischt.

STECKBRIEF

Die Sonne ist der einzige Stern und der Mittelpunkt unseres Sonnensystems. Sie ist 150 Millionen Kilometer von der Erde entfernt und besteht aus Gasen, die in ihrem Inneren verschmelzen. Dabei wird unvorstellbar viel Energie frei, die wir als Licht wahrnehmen. An der Oberfläche der Sonne herrschen etwa 5 600 °C. Verglichen damit ist unser Backofen ein wahrer Kühlschrank!

Querschnitt der Sonne

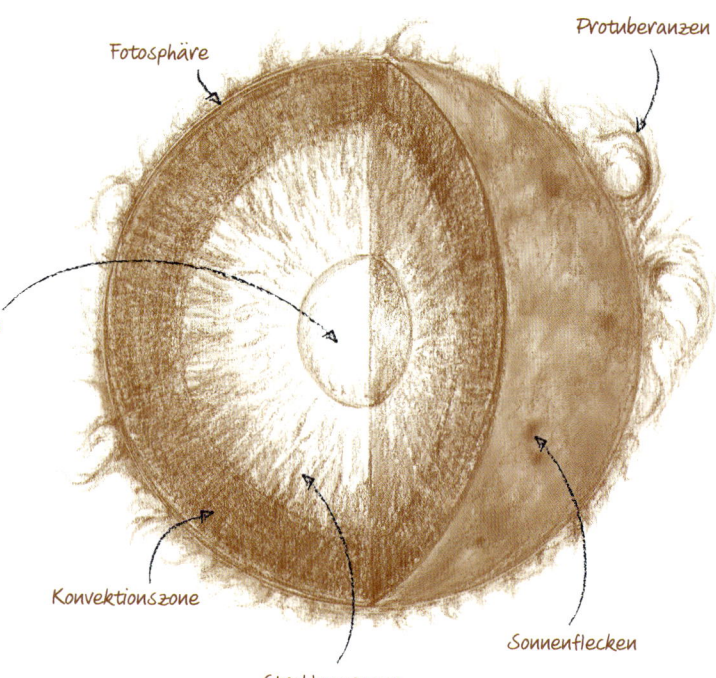

Fotosphäre

Protuberanzen

Kern

Konvektionszone

Strahlungszone

Sonnenflecken

DIE FARBEN DES REGENBOGENS

Die Sonne sendet uns Licht und Wärme. Das Sonnenlicht sieht meistens weiß aus. Das ist jedoch eine Täuschung, und du kannst dies selbst nachprüfen: Schau dir nur einmal die Unterseite einer CD bei Tageslicht an. Du wirst sehen, dass sie in vielen Farben schimmert. So ähnlich ist es auch bei einem Regenbogen: Nach einem Regenguss befinden sich noch viele kleine Wassertröpfchen in der Luft, die das Sonnenlicht brechen und in viele Farben zerlegen.

ACHTUNG
Schau niemals direkt in die Sonne, besonders nicht mit einem Gerät wie Fernglas, Fernrohr oder Teleskop! Du könntest dir sonst die Augen verbrennen.

SONNENFLECKEN

Auf der Sonnenoberfläche haben Forscher mit ihren Teleskopen Sonnenflecken entdeckt. Auch du kannst sie dir anschauen. Lass dir dabei aber von einem Erwachsenen helfen.

- Stelle das Stativ deines Fernrohrs oder Teleskops auf einen Tisch.
- Richte das Objektiv in Richtung Sonne. Schau dabei jedoch nicht durch das Fernrohr! Du könntest dir dabei die Augen verbrennen.
- Platziere unterhalb des Okulars ein Blatt Papier auf den Tisch.
- Nun siehst du auf dem Papier die Projektion der Sonne.
- Verändere nun die Einstellung des Fernrohrs und beobachte dabei das Papier.
- Die dunklen Stellen, die auf dem Papier sichtbar werden, sind Sonnenflecken. Sonnenflecken sind Bereiche auf der Oberfläche der Sonne, die weniger heiß sind. Sie können plötzlich auftauchen, ihre Position verändern und wieder verschwinden.

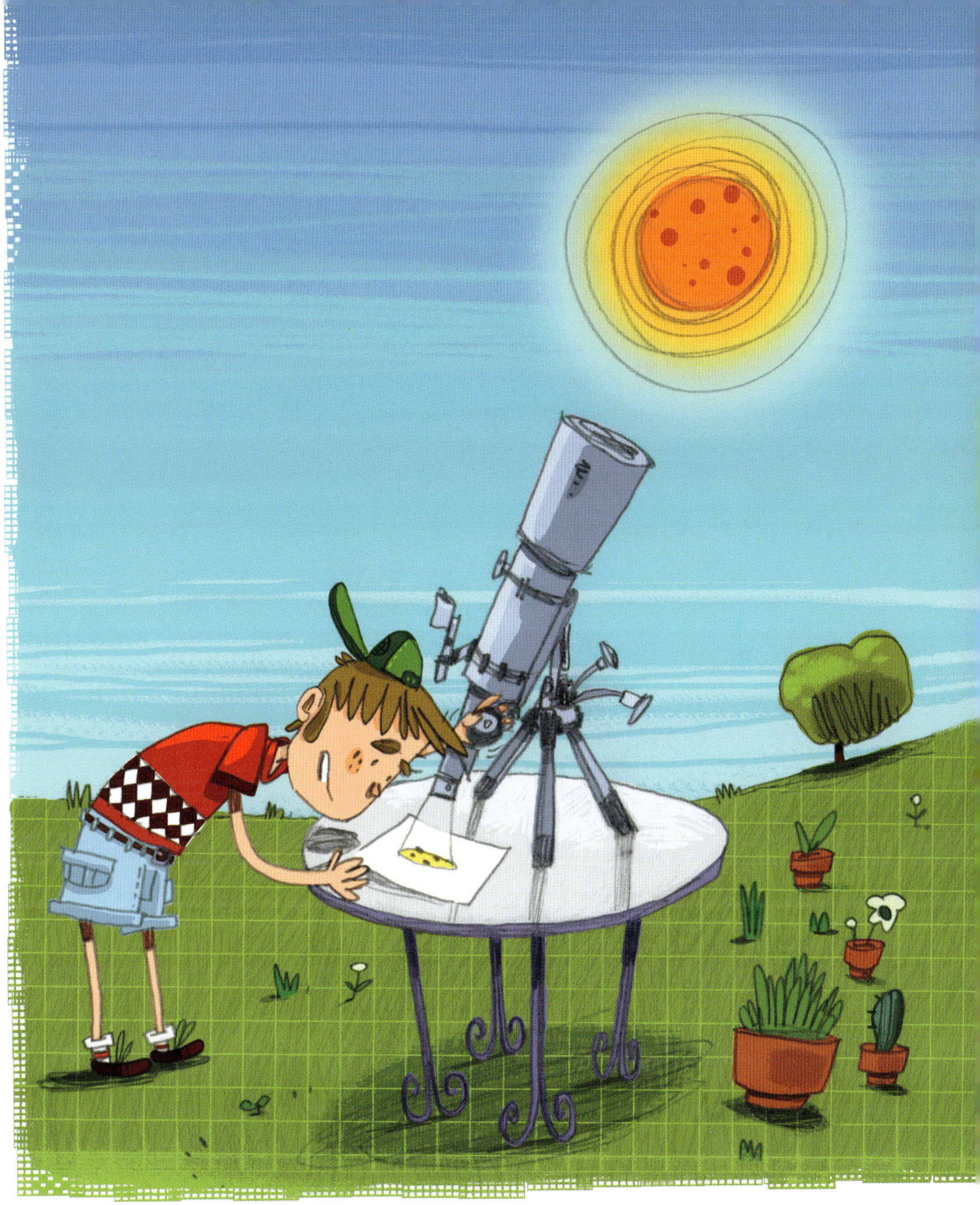

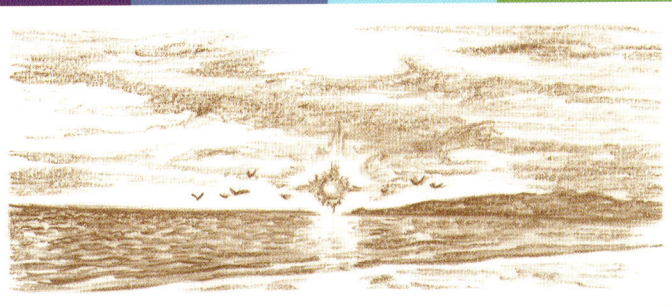

SONNENAUFGANG UND -UNTERGANG

Der beste Moment, um die Magie der Sonne einzufangen, ist am Morgen: Der Horizont verfärbt sich langsam und du kannst den ersten Sonnenstrahl erhaschen. Abends überrascht sie dich manchmal mit einem letzten, grünlichen Strahl, der sich vor dem wolkenlosen Himmel abzeichnet.

DIE BEWEGUNG DES MONDES

In der Nacht zieht der Mond unsere Blicke auf sich, weil er hell am Himmel steht. Am Tag ist er dagegen fast nicht zu sehen, weil die Helligkeit der Sonne ihn verdeckt.

MONDPHASEN

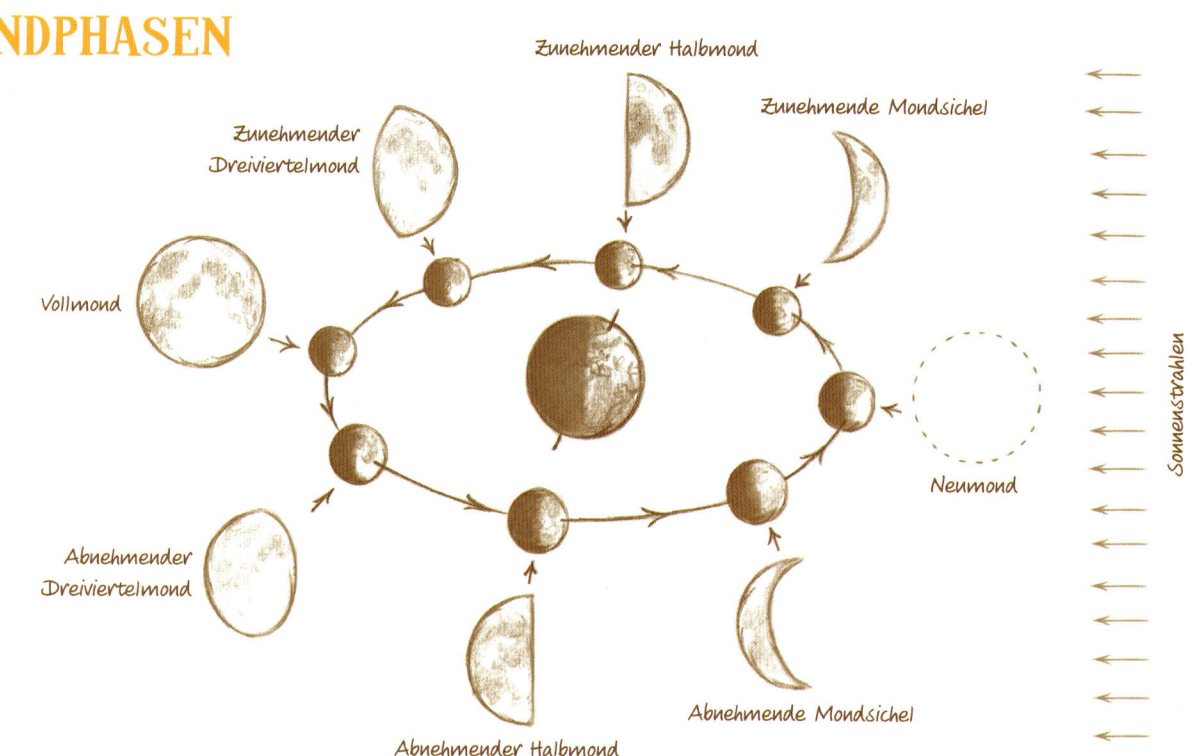

Beobachtungsphasen

Um die verschiedenen Phasen des Mondes zu erkennen, musst du ihn einen ganzen Monat lang täglich beobachten. Beginne bei Neumond und notiere dir 15 Tage lang um 21 Uhr die folgenden Angaben:
☀ seine Form,
☀ seine Position (mithilfe der Himmelsrichtungen),
☀ seine Höhe über dem Horizont.
Dasselbe machst du an den darauffolgenden 15 Tagen, jedoch schon um 7 Uhr morgens.

Die unterschiedlichen Mondphasen

Du hast nun über etwa einen Monat lang festgestellt, dass sich die Form des Mondes allmählich verändert:
☀ Neumond (nicht sichtbar),
☀ zunehmende Mondsichel,
☀ zunehmender Halbmond,
☀ zunehmender Dreiviertelmond (mit einer Wölbung nach links),
☀ Vollmond (vollständiger Kreis),
☀ abnehmender Dreiviertelmond (mit einer Wölbung nach rechts),
☀ abnehmender Halbmond,
☀ abnehmende Mondsichel
☀ und schließlich wieder Neumond.
Was wir nachts am Himmel sehen, ist der Teil des Mondes, der von der Sonne beleuchtet wird. Da er sich um die Erde dreht, wird nicht immer derselbe Teil angestrahlt. Das erklärt auch, warum sich der Mond nicht jeden Abend an derselben Stelle am Himmel befindet.

Umlaufzeit

Der Mond benötigt 27 Tage und 8 Stunden, um einmal die Erde zu umrunden. Doch die Zeit zwischen zwei Mondphasen beträgt 29,5 Tage. Der Grund für diesen Unterschied liegt in der Tatsache, dass sich die Erde gleichzeitig um die Sonne dreht und sich dabei auf ihrer Umlaufbahn weiterbewegt. Der Mond braucht daher zwei Tage länger, um wieder in seine Ausgangsposition zu gelangen.

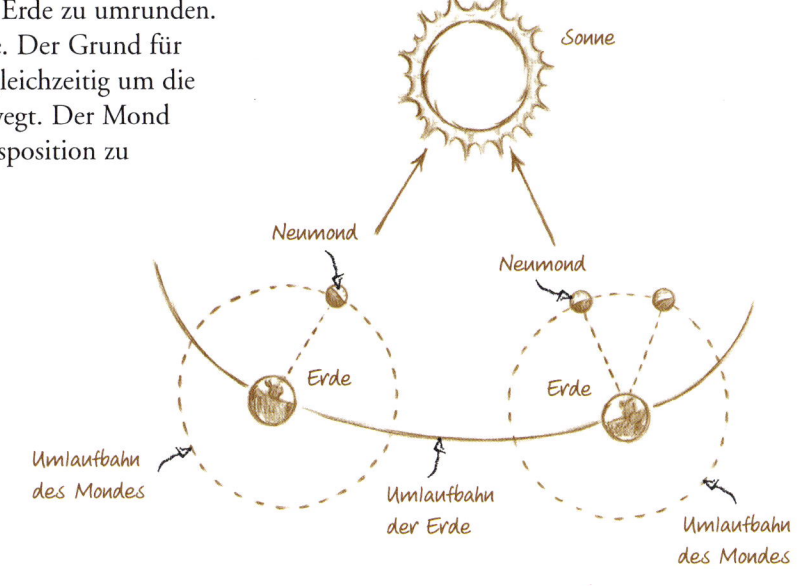

MONDPHASEN-MODELL

Um die unterschiedlichen Phasen des Mondes besser verstehen zu können, kannst du seine Bewegung im Weltraum nachstellen. Dazu brauchst du: ein dunkles Zimmer, eine Lampe (= Sonne), eine helle Kugel (= Mond) und deinen Kopf (= Erde).

☀ Stelle dich vor die Lampe und halte die Kugel mit ausgestreckten Armen ein wenig tiefer als die Lichtquelle. Jetzt kannst du nur den unbeleuchteten Teil der Kugel sehen, also Neumond.

☀ Mache nun eine Viertelumdrehung nach links und halte die Kugel weiterhin vor dich. Nun ist sie zur Hälfte beleuchtet, also zunehmender Halbmond.

☀ Drehe dich nun ein weiteres Mal um eine Viertelumdrehung nach links und halte die Kugel etwas nach oben. Der Mond befindet sich gegenüber der Sonne und wird voll angestrahlt, es ist Vollmond.

☀ Drehe dich nun ein letztes Mal um eine Viertelumdrehung nach links und du siehst den abnehmenden Halbmond.

DEN MOND BEOBACHTEN

Der Mond ist unser nächstliegender Himmelskörper und doch liegen zwischen ihm und der Erde 384 000 km. Mit dem Raumschiff dauert eine Reise zum Mond rund drei Tage, mit dem Auto bräuchte man drei Monate und mit dem Fahrrad ganze zwei Jahre! Doch du musst gar nicht so weit reisen, um den Mond besser kennenzulernen. Seine höchsten Erhebungen kannst du mit deinem Teleskop sehen – einige davon sogar mit bloßem Auge.

Meere

Die dunklen Flecken auf der Mondoberfläche heißen »Mare«. Das ist Lateinisch und bedeutet »Meer«. Früher dachten die Menschen nämlich, dass die dunklen Flecken aus Wasser bestehen. In Wahrheit handelt es sich aber um riesige kreisförmige Becken mit vulkanischer Lava, die vor Milliarden von Jahren erstarrt ist. Wenn du den Vollmond mit bloßen Augen betrachtest, meinst du vielleicht, Bilder und Figuren in ihm zu erkennen. Probier es doch mal aus!

BEOBACHTUNGSTIPP

Der beste Zeitpunkt für eine Mondbeobachtung ist Halbmond. Richte dein Vergrößerungsinstrument auf die Grenzlinie zwischen hell und dunkel. Dort macht das Sonnenlicht die Erhebungen der Mondoberfläche besonders gut sichtbar. Anders als vielleicht gedacht, eignet sich die Zeit des Vollmondes nicht für eine Beobachtung, da das Sonnenlicht die Schatten und Erhebungen verschwinden lässt.

Fußballspieler

Hase

Krebs

Frauenkopf

Findest du noch weitere Bilder?
Lass deiner Fantasie freien Lauf!

Krater

Die meisten dieser zum Teil riesigen Vertiefungen entstanden vor etwa vier Milliarden Jahren durch Meteoriteneinschläge (siehe Seite 40). Die Mondoberfläche ist übersät mit Kratern, deren Durchmesser zwischen einigen Metern und mehreren Hundert Kilometern liegt! Mit dem Fernglas kannst du die größten unter ihnen gut erkennen. Versuch doch einmal, die Krater Tycho, Aristarchus, Kopernikus oder Kepler ausfindig zu machen.

Gebirge

Neben »Meeren« und Kratern gibt es auf der Mondoberfläche auch riesige Gebirge und Bergketten. Der Gebirgszug der »Mond-Apenninen« ist rund 600 km lang und bis zu 5000 m hoch! Mit dem Fernglas findest du die Mond-Apenninen zwischen dem Meer der Heiterkeit und dem Regenmeer.

Stell dir vor, das Kind auf dem Bild wäre der Mond. Es dreht sich nun gleichzeitig um die Erde und um sich selbst. So zeigt es der Erde immer sein Gesicht.

Zugewandte und abgewandte Seite

Der Mond dreht sich sowohl um die Erde als auch um sich selbst. Da er für beides gleich lang braucht, sehen wir von der Erde aus immer dieselbe Mondseite. Die uns abgewandte Seite konnten bisher nur ein paar Astronauten mit eigenen Augen sehen.

Meere

1. Regenmeer
2. Meer der Heiterkeit
3. Meer der Ruhe
4. Meer der Fruchtbarkeit
5. Meer der Gefahren
6. Nektarmeer
7. Meer der Kälte

Krater

8. Aristarchus
9. Kepler
10. Kopernikus
11. Tycho

Gebirge

12. Mond-Apenninen

SELTENES SCHAUSPIEL

Es gibt kein spektakuläreres Schauspiel am Himmel als eine Sonnen- oder Mondfinsternis! Dabei stehen Erde, Mond und Sonne auf genau einer Linie. Eine Sonnenfinsternis ist wunderschön und erregt immer viel Aufsehen, doch auch eine Mondfinsternis ist überaus sehenswert.

SONNENFINSTERNIS

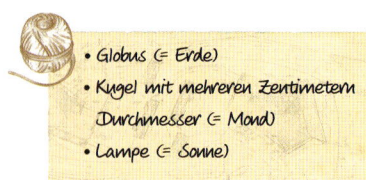

- Globus (= Erde)
- Kugel mit mehreren Zentimetern Durchmesser (= Mond)
- Lampe (= Sonne)

Modellversuch

Damit du besser verstehst, wie es zu einer Sonnenfinsternis kommt, kannst du den Ablauf in kleinerem Maßstab nachstellen.

⊙ Bringe die Erde, den Mond und die Sonne in exakt eine Reihe. Beobachte, wie der Mond seinen Schatten auf die Erde wirft.

⊙ Dort, wo der Schatten auf die Erde trifft, ist die Sonne von der Erde aus nicht mehr zu sehen.

Eine Sonnenfinsternis findet also nur dann statt, wenn sich der Mond genau zwischen Erde und Sonne schiebt. In dem Bereich der Erde, der im Schatten des Mondes liegt, wird es mitten am Tag dunkel.

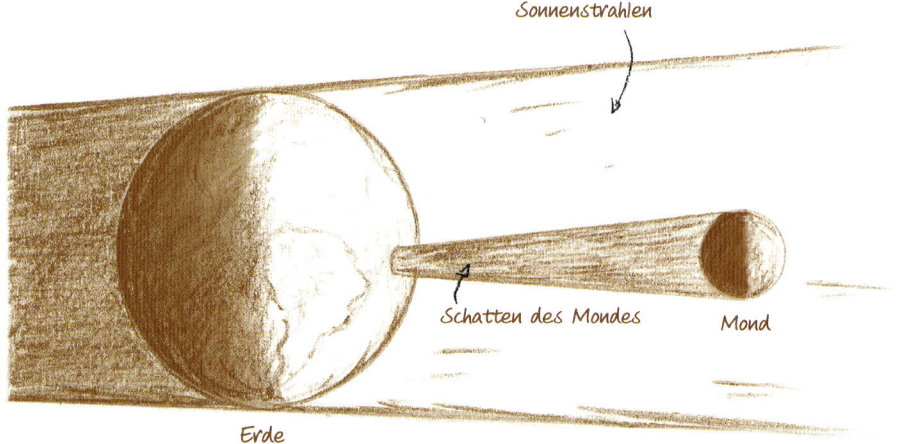

Sonnenstrahlen

Schatten des Mondes

Mond

Erde

Verdunkelte Sonne

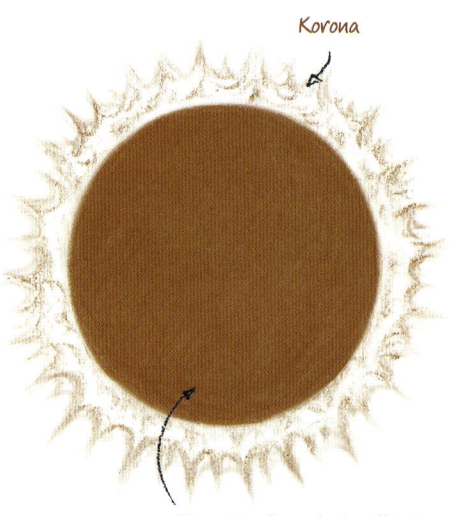

Korona

Der Mond verdeckt die Sonne.

Eine Sonnenfinsternis mitzuerleben, ist ein sehr aufregendes und außergewöhnliches Erlebnis! Am helllichten Tag verdunkelt sich der Himmel plötzlich für einige Minuten, es wird kalt und die Tiere werden unruhig. Der Mond verdeckt die Sonne. Sichtbar wird dann die sogenannte Korona, der äußerste und sehr heiße Strahlenkranz der Sonne. Denke daran, deine Augen unbedingt mit einer speziellen Sonnenfinsternisbrille zu schützen!

MONDFINSTERNIS

So stellst du eine Mondfinsternis im Modell nach:

Sonnenstrahlen

Mond   Erde

Modellversuch

Bring die Gegenstände des vorherigen Versuchs in eine andere Reihenfolge, nämlich Mond, Erde, Sonne. Dieses Mal befindet sich der Mond (bei Vollmond) im Schatten der Erde. Er wird fast nicht mehr von der Sonne beleuchtet.

Verdunkelter Mond

Bei einer Mondfinsternis verdunkelt sich der Mond zwar fast vollständig, er bleibt jedoch weiterhin als rötliche Kugel schwach sichtbar. Dieses außergewöhnliche Schauspiel wird auch »Blutmond« genannt und dauert etwa zwei Stunden. Der Mond tritt zwar vollständig in den Schatten der Erde ein, doch ein Teil der Sonnenstrahlen durchdringt die Erdatmosphäre und sorgt für die besondere Färbung. Diese Farben sind wirklich eine Beobachtung wert!

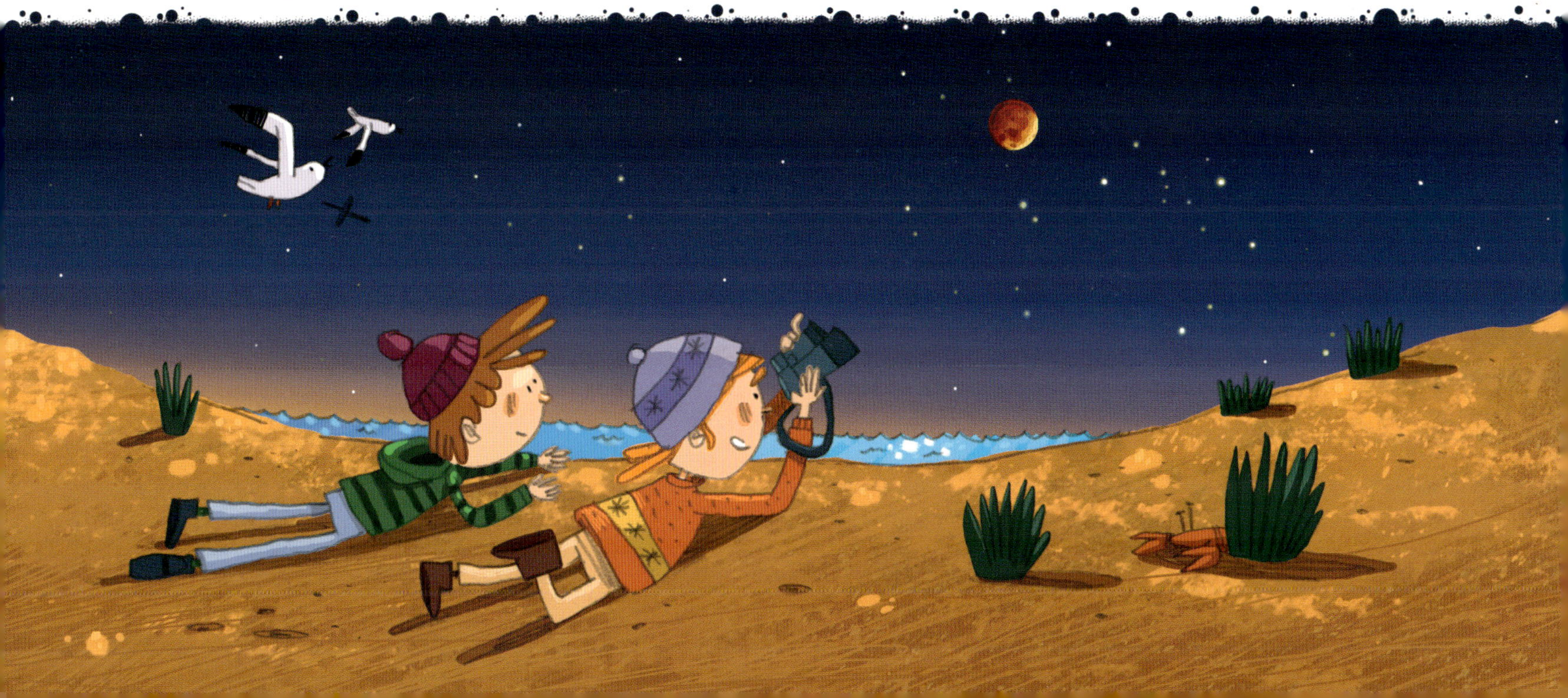

ORIENTIERUNG

Hobby-Astronom zu werden, ist gar nicht so schwer. Der Himmel mag dir zunächst unübersichtlich und kompliziert vorkommen, doch jeder kann lernen, die Himmelskörper richtig zuzuordnen und sich zurechtzufinden.

VERSCHIEDENE HIMMELSKÖRPER

In einer klaren Nacht sieht man unzählige leuchtende und funkelnde Punkte am Himmel. Mit bloßem Auge erkennt man von der Erde aus mehr als 3 000 helle Sterne, ganz zu schweigen von den Planeten, Satelliten, Flugzeugen und Sternschnuppen.

Sterne und Planeten

Diese beiden Himmelskörper lassen sich leicht voneinander unterscheiden: Sterne scheinen zu flackern oder zu funkeln, Planeten leuchten gleichmäßig. Mit etwas Übung wirst du feststellen, dass Planeten nach Sonnenuntergang oft als Erstes am Himmel sichtbar werden.

Flugzeuge und Satelliten

Diese künstlichen Flugobjekte kann man leicht verwechseln, weil sich beide als schnelle Leuchtpunkte am Himmel fortbewegen. Daher eine kleine Unterscheidungshilfe: Flugzeuge blinken, Satelliten nicht. Satelliten erscheinen als weiße Punkte, die zu Beginn oder am Ende der Nacht sehr schnell den Himmel durchqueren.

Venus

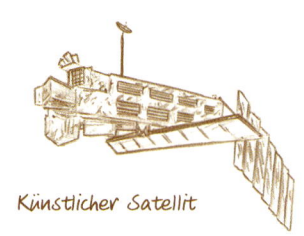

Künstlicher Satellit

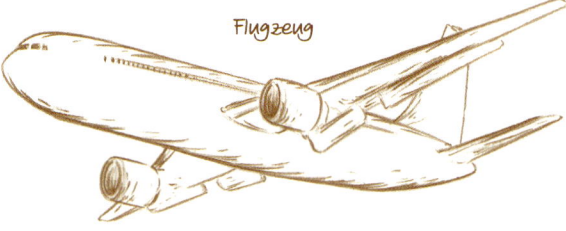

Flugzeug

Internationale Raumstation

Die Internationale Raumstation ISS kreist in etwa 400 km Höhe um die Erde. Dort leben und arbeiten Astronauten und führen Experimente durch. Wenn ein Versorgungsschiff Nachschub zur ISS bringt, sieht man zwei sehr helle, aufeinanderfolgende Punkte am Himmel.

Sternschnuppen

Jede Nacht kannst du am Himmel kleine Lichtpunkte entdecken, die ihn wie von Zauberhand durchqueren und dabei eine Leuchtspur hinterlassen: Sternschnuppen (siehe Seite 40). Um einer Sternschnuppe »aufzulauern«, brauchst du viel Geduld. Am besten nimmst du dir für deine Beobachtung nur einen ganz bestimmten Teil des Himmels vor.

Sternhaufen und Sternbilder

Sternhaufen sind eine kleine Ansammlung von nahe beieinanderliegenden Sternen, die du leicht mit deinem kleinen Finger verdecken kannst (siehe Seite 57). Ein Sternbild hingegen ist eine Gruppe von Sternen, in denen du eine bestimmte Figur erkennen kannst.

Sternhaufen

Sternbild des Großen Wagen

Verschwommene Flecken

Hierbei kann es sich um einen vorbeiziehenden Kometen (siehe Seite 38–39), eine weit entfernte Galaxie (siehe Seite 55) oder einen Nebel (siehe Seite 56) handeln. Mit einem Fernrohr oder Teleskop kannst du die verschwommenen Flecken voneinander unterscheiden:

— Ist der Fleck länglich mit einem Schweif, dann handelt es sich mit Sicherheit um einen Kometen. Im Laufe der Zeit verändert er seine Position.

— Ist er nicht länglich und verändert auch seine Position nicht, dann handelt es sich wahrscheinlich um eine Galaxie oder einen Nebel.

Die Himmelsrichtungen

Wenn du mit einem Freund über Richtungen sprichst, dann sagst du bestimmt: »vorne«, »links« oder »hinten«. Astronomen machen das ähnlich, nur verwenden sie dafür die vier Himmelsrichtungen Norden, Süden, Osten und Westen.

KOMPASS

Er ist klein und leicht und du kannst ihn sowohl bei Tag als auch in der Nacht verwenden.

- Halte den Kompass waagerecht vor dich.
- Entferne alle metallischen oder magnetischen Gegenstände in der Nähe (Uhr, Magnete usw.).
- Sobald sich die Nadel beruhigt hat, zeigt sie in Richtung Norden.
- Drehe nun vorsichtig das Gehäuse des Kompasses, bis die Angabe »Norden« mit der Richtung der Nadel übereinstimmt.
- Jetzt kannst du auch die anderen Himmelsrichtungen ablesen.

WINDROSE

Windrosen wurden vor langer Zeit von Seefahrern verwendet, um die Richtung des Windes und damit die beste Route zu bestimmen. In der Antike bestand die Windrose aus nur vier Zweigen, die die vier Haupthimmelsrichtungen bezeichneten, aus denen der Wind wehen konnte. Doch da sich die Hauptwindrichtung von Kontinent zu Kontinent unterscheidet, wurden später weitere Zweige hinzugefügt, die für Nordosten, Südosten usw. stehen.

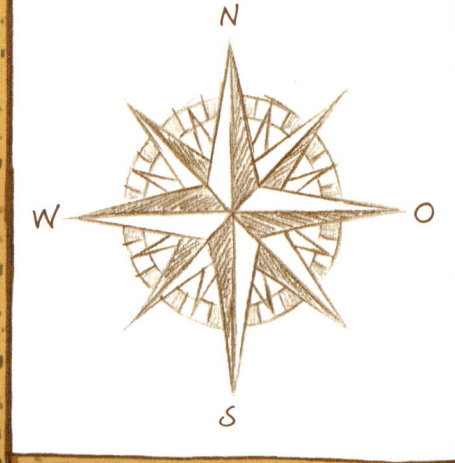

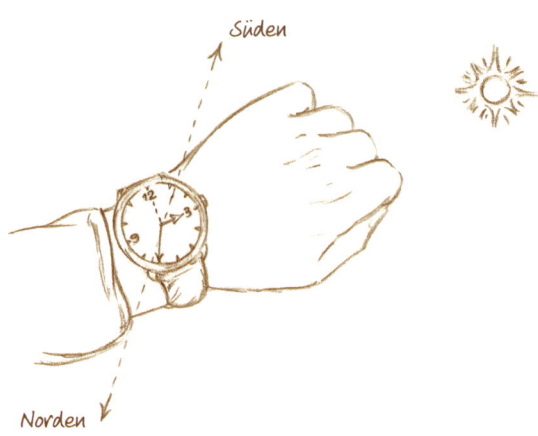

ZEIGER DER UHR

Damit diese Methode funktioniert, muss es hell sein (zwischen 6 und 18 Uhr) und die Sonne deutlich sichtbar.

— Rechne zunächst die Sonnenzeit aus. Das geht ganz einfach: Im Frühling und Sommer ziehst du von der eigentlichen Uhrzeit auf deiner Armbanduhr zwei Stunden ab, im Herbst und Winter eine Stunde.

— Stelle die Zeiger deiner Uhr auf die Sonnenzeit ein.

— Richte nun den kleinen Zeiger in Richtung Sonne.

— Bilde einen gedachten Winkel zwischen der Ziffer 12 und dem kleinen Zeiger.

— Stelle dir eine Linie von der Mitte deiner Uhr aus vor, die den Winkel in zwei gleich große Teile teilt. Diese Linie zeigt Richtung Süden, Norden befindet sich also gegenüber.

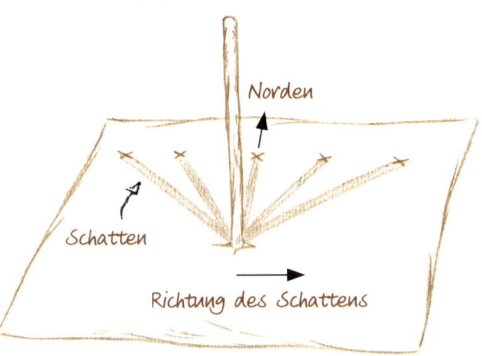

POLARSTERN

Du siehst ihn nur bei klarem Himmel und auch nur von der Nordhalbkugel der Erde aus.

— Suche das Sternbild des Großen Wagen (siehe Seite 46).

— Verlängere in Gedanken die Linie am hinteren Teil des Wagens (gegenüber der Deichsel) um etwa das Fünffache.

— Dort siehst du einen besonders hellen Stern: den Polarstern.

— Dort ist Norden.

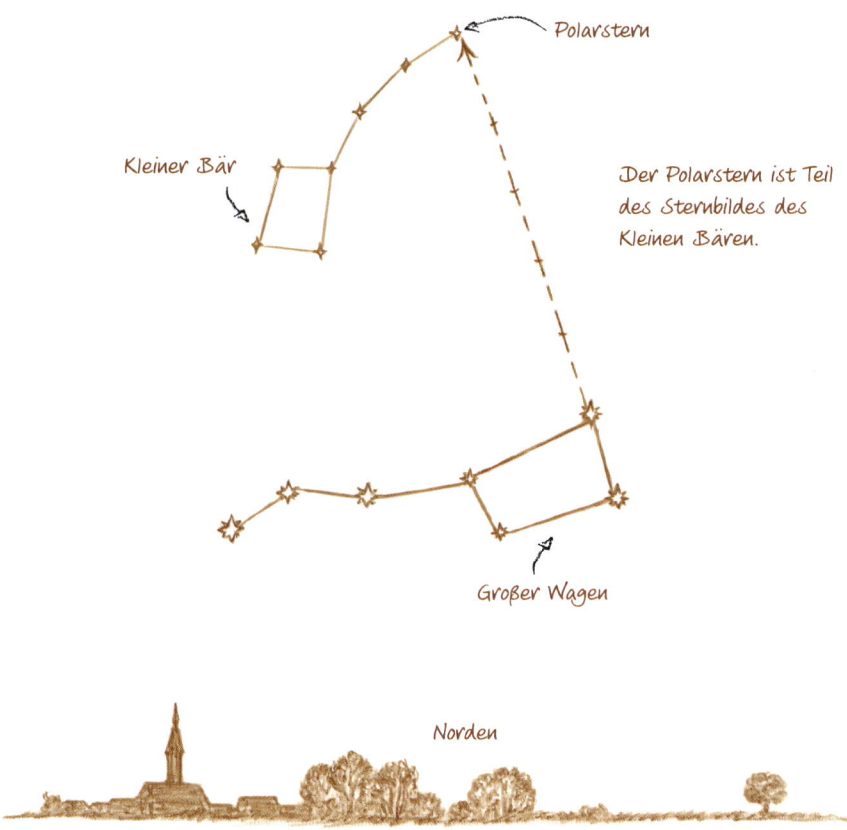

WEITERE METHODEN

Du kannst auch eine der folgenden Möglichkeiten ausprobieren, um dich zu orientieren:

— Am ersten Frühlings- und Herbsttag (um den 21. März und 22. September) geht die Sonne genau im Osten auf und im Westen unter.

— Bei dieser sehr alten Methode brauchst du etwas Geduld: Lege ein Blatt Papier auf den Boden und stecke einen Stab in die Mitte. Zeichne nun jede Stunde den Schatten des Stabes nach und bestimme den kürzesten Schatten: Er zeigt vom Stab aus gesehen in Richtung Norden.

— Oder die einfachste Methode: Verwende ein GPS!

STERNKARTE

Eine Sternkarte sollte jeder angehende Astronom besitzen, um sich am Nachthimmel zurechtzufinden. Auf ihr erkennst du zu jeder Stunde und an jedem Tag des Jahres die genaue Position der Sternbilder.

Die richtige Auswahl

Eine Sternkarte bekommst du im Buchladen oder in einem Spezialgeschäft für Astronomiebedarf. Achte darauf, dass sie für Deutschland geeignet ist: Sie muss die Bezeichnung »Nördliche Hemisphäre« oder »Nordhalbkugel« und den Zusatz »Zwischen dem 45. und 55. Breitengrad« oder »Für Deutschland geeignet« haben. Mithilfe einer Drehscheibe kannst du den Tag und die Uhrzeit deiner Beobachtung einstellen, sodass nur die aktuell sichtbaren Sterne und Sternbilder an der richtigen Position angezeigt werden.

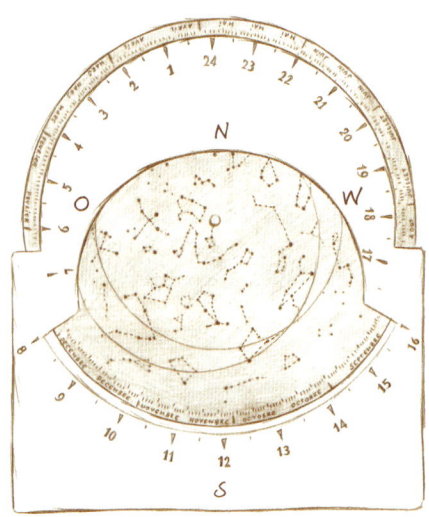

Verwendung

⟿ Bestimme die aktuelle Sonnenzeit (siehe Seite 27).
⟿ Stelle das Datum mithilfe der Drehscheibe so ein, dass es mit der Sonnenzeit zusammentrifft.
⟿ Bestimme mithilfe eines Kompasses die nördliche Richtung (siehe Seite 26).
⟿ Halte die Sternkarte vor dir über deinen Kopf. Die Fensterränder der Karte stehen jeweils für den östlichen, nördlichen, westlichen und südlichen Horizont.
⟿ Richte den Polarstern auf deiner Karte (genau in der Mitte der Scheibe) anhand der nördlichen Himmelsrichtung aus, die du zuvor mit dem Kompass bestimmt hast.
⟿ Versuche nun, die auf der Karte abgebildeten Sternbilder am Himmel über dir ausfindig zu machen.

VIRTUELLE STERNKARTE

Aus dem Internet kannst du kostenlos aktuelle Sternkarten für einen bestimmten Ort herunterladen. Auf ihnen ist sogar die Position der Planeten, des Mondes und der vorbeiziehenden Kometen abgebildet. Leider ist aber ein Computer auf deiner nächtlichen Beobachtung etwas unhandlich.

Zur Vorbereitung kann es aber hilfreich sein, sich eine Sternkarte aus dem Internet anzuschauen.

Planeten

Planeten drehen sich um die Sonne und befinden sich daher an ständig wechselnden Positionen am Himmel. Sie sind deshalb auf Sternkarten nicht abgebildet. Ihre aktuelle Position findest du aber in speziellen Positionstabellen.

Was kannst du sehen?

In unserer Gegend wechseln die Sterne und Sternbilder, die man am südlichen Horizont erkennen kann, im Laufe der Jahreszeiten. Den Skorpion kannst du z. B. an Sommerabenden, den Orion eher im Winter entdecken. Die am nördlichen Horizont sichtbaren Sternbilder bleiben dagegen gleich, wie etwa der Große Bär und der Kleine Bär (siehe Seite 46–47).

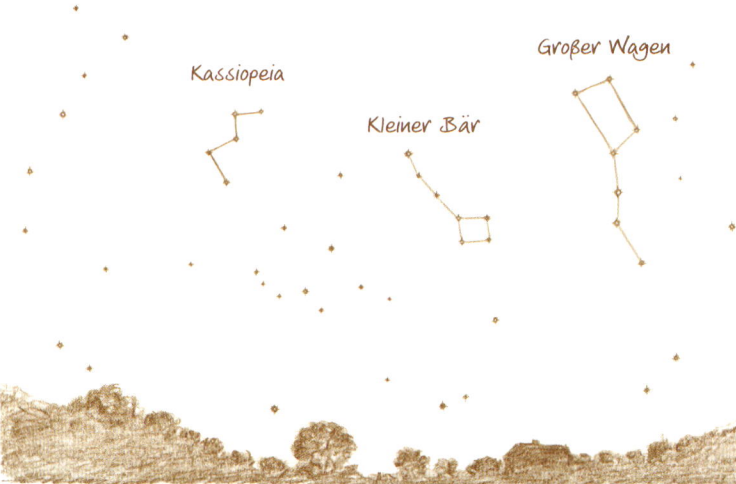

Nördlicher Horizont

Südlicher Horizont (Winter)

UNSER SONNENSYSTEM

Das Sonnensystem kannst du dir als astronomisches »Dorf« vorstellen, in dem die Erde und ihre verschiedenen Nachbarn wohnen und ihre Bahnen ziehen. Dort trifft man die große Sonne, aber auch zahlreiche Planeten, Satelliten, Asteroiden und Kometen.

EINE GROSSE FAMILIE

Unser Sonnensystem ist nur eines von vielen im Universum. Sternforscher haben in den letzten Jahren herausgefunden, dass nicht nur die Sonne, sondern auch die anderen Sterne von Planeten umkreist werden.

Anziehung

Der Grund dafür, dass sich die Planeten und weitere kleinere Himmelskörper auf einer bestimmten Bahn bewegen, liegt in der Anziehungskraft der Sonne. Diese unsichtbare Kraft zieht alle Himmelskörper heran. Nur weil sich die Himmelskörper auch um sich selbst drehen, wird verhindert, dass sie auf die Sonne stürzen. Je näher sich ein Planet an der Sonne befindet, desto schneller dreht er sich um sie. Ist er weiter entfernt, dreht er sich langsamer.

Umlaufzeiten

Merkur ist der Sonne am nächsten und braucht für einen Umlauf etwa drei Monate, während Neptun, der am weitesten von der Sonne entfernt ist, mehr als 164 Jahre dafür braucht. Auf dem Merkur könntest du also alle drei Monate deinen Geburtstag feiern, auf dem Neptun dagegen nie!

Planetentypen

In der Sternkunde unterscheidet man zwei verschiedene Arten von Planeten:
🪐 die kleineren, erdähnlichen Planeten, die sich nahe bei der Sonne befinden:

🪐 die großen Gasplaneten oder auch Gasriesen, die sehr weit entfernt sind:

Zwischen den Planeten dieser beiden Kategorien befindet sich der Asteroidengürtel (siehe Seite 38). Ein weiterer Gürtel aus Kometen und Zwergplaneten (siehe Seite 43) liegt hinter den Gasplaneten.

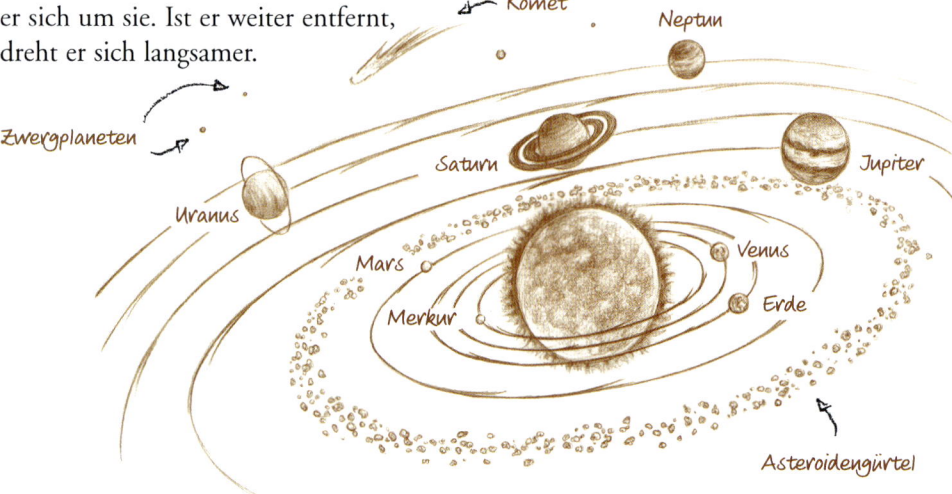

- Styroporkugel, 10 cm Durchmesser
- Gelbe Farbe
- Knetmasse in verschiedenen Farben
- Lineal
- Große Fläche von 300 m

Bauanleitung für dein eigenes Sonnensystem

🪐 Male die Styroporkugel gelb an. Sie ist deine Sonne.

🪐 Forme nacheinander alle Planeten aus Knetmasse in der richtigen Farbe und Größe. Die unten stehende Tabelle und ein Lineal helfen dir dabei. Keine Sorge, wenn du die ganz kleinen Planetenkugeln nicht genau hinbekommst. Forme sie einfach so klein, wie du kannst.

🪐 Platziere nun die Planeten im richtigen Abstand zur Sonne. Tipp: Ein großer Schritt entspricht 1 m.

	Farbe	Durchmesser	Abstand Planet–Sonne
Merkur	grau	0,3 mm	4 m
Venus	lila	0,9 mm	7 m
Erde	hellblau	1 mm	10 m
Mars	rot	0,5 mm	16 m
Jupiter	gelb	10 mm	55 m
Saturn	weiß	9 mm	101 m
Uranus	grün	3,5 mm	204 m
Neptun	dunkelblau	3,5 mm	321 m

Erstaunlich!

Anhand dieses Modells siehst du, wie klein unsere Erde im Verhältnis zur Sonne ist. Und doch leben auf ihr etwa sieben Milliarden Menschen! Die natürlichen Satelliten, Asteroiden, Kometen und Zwergplaneten sind zu klein, um sie in deinem Modell darzustellen.

MERKUR UND VENUS

Diese beiden Planeten sind der Sonne am nächsten.

An dritter Stelle folgt unsere Erde.

BEOBACHTUNG

Der beste Zeitpunkt

Ganz einfach: Du kannst den Merkur und die Venus jeden Morgen im Osten am Horizont sehen und jeden Abend im Westen. Die Venus ist ein sehr heller, weißer Punkt, da ihre Wolken das Sonnenlicht stark reflektieren. Der kleinere Merkur ist da schon etwas unauffälliger.

Mit einem Hilfsmittel

Kurz nach Sonnenuntergang oder vor Sonnenaufgang kannst du die verschiedenen Phasen der Venus und des Merkurs mit einem Fernrohr oder Teleskop beobachten. Wie der Mond nehmen auch sie ab und zu.

DIE WOCHENTAGE

In der Antike entdeckten die Römer fünf leuchtende Himmelskörper, die ihre Position am Himmel veränderten. Nach ihnen – und auch nach dem Mond und der Sonne – benannten sie die Wochentage: Tag des Mondes, des Mars, des Merkurs, des Jupiters, der Venus, des Saturns und der Sonne. So lassen die heutigen Bezeichnungen der Wochentage im Französischen, Italienischen und Spanischen noch immer den Bezug zu den Planeten erkennen.

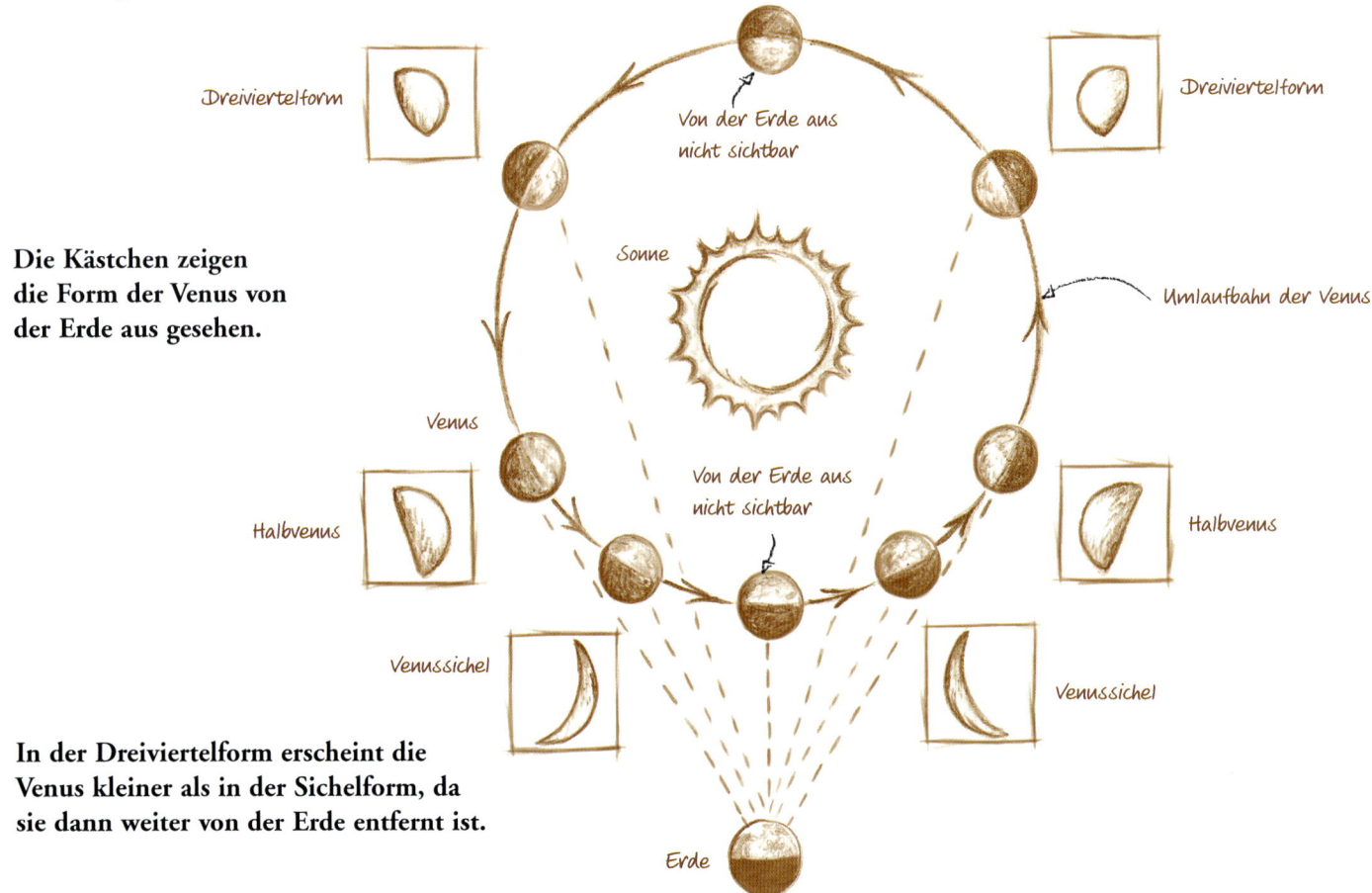

Die Kästchen zeigen die Form der Venus von der Erde aus gesehen.

Dreiviertelform

Von der Erde aus nicht sichtbar

Sonne

Umlaufbahn der Venus

Dreiviertelform

Venus

Halbvenus

Von der Erde aus nicht sichtbar

Halbvenus

Venussichel

Venussichel

In der Dreiviertelform erscheint die Venus kleiner als in der Sichelform, da sie dann weiter von der Erde entfernt ist.

Erde

AUS DER NÄHE BETRACHTET

Mithilfe unbemannter Raumsonden konnten Venus und Merkur schon genauer beobachtet und erforscht werden.

Die Venus wird von einer geschlossenen Wolkendecke aus Kohlendioxid umhüllt, und ihre Oberfläche gleicht einer Wüste.

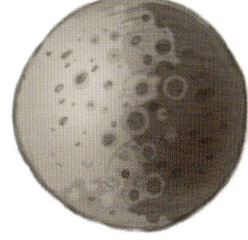

Der Merkur ähnelt mit seiner felsigen und von Kratern zerklüfteten Oberfläche unserem Mond.

MORGEN- UND ABENDSTERN

Da die Venus am besten morgens und abends sichtbar ist, wird sie auch Morgen- und Abendstern genannt. Schon vor langer Zeit beobachteten die Schäfer den Himmel und warteten jeweils das Erscheinen der Venus ab, bevor sie ihre Herde auf die Weide oder zurück in den Stall trieben. Doch lass dich nicht von der Bezeichnung täuschen: Die Venus ist ein Planet und kein Stern.

STERN ODER PLANET?
Zur Unterscheidung: Ein Stern leuchtet selbst, während ein Planet nur das Licht eines Sterns reflektiert. In unserem Sonnensystem reflektieren alle Planeten das Licht der Sonne.

MARS

Sofern er sichtbar ist, leuchtet unser Nachbarplanet Mars als heller Punkt am Nachthimmel. Seit der Antike trägt er den Namen des römischen Kriegsgottes Mars, weil seine orangerote Farbe an Blut erinnert.

So sieht der Mars durch ein Fernrohr aus.

BEOBACHTUNG

Der beste Zeitpunkt

Am besten kannst du den Mars beobachten, wenn er in sogenannter Opposition steht. Das bedeutet, dass er in einer Linie mit der Sonne und der Erde steht.

Du willst wissen, wie das funktioniert? Dann probier es doch mal aus:

🌑 Zeichne die Sonne auf ein Blatt Papier.

🌑 Ziehe nun um die Sonne einen Kreis. Er stellt die Umlaufbahn der Erde dar.

🌑 Fahre mit der Umlaufbahn des Mars etwas weiter außen fort.

🌑 Damit der Mars nun in Opposition steht, malst du ihn in einer Linie mit der Sonne und der Erde.

🌑 Du wirst feststellen, dass man von der Nachtseite der Erde aus den Roten Planeten perfekt beobachten kann, weil er der Sonne gegenübersteht.

Zu einer solchen Oppositionsstellung kommt es etwa alle zwei Jahre. Das nächste Mal ist dies im April 2014 der Fall.

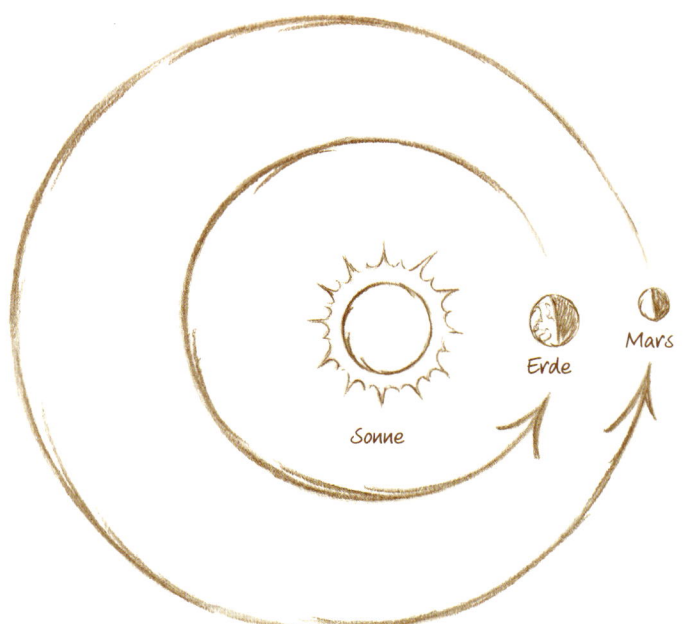

Sonne

Erde

Mars

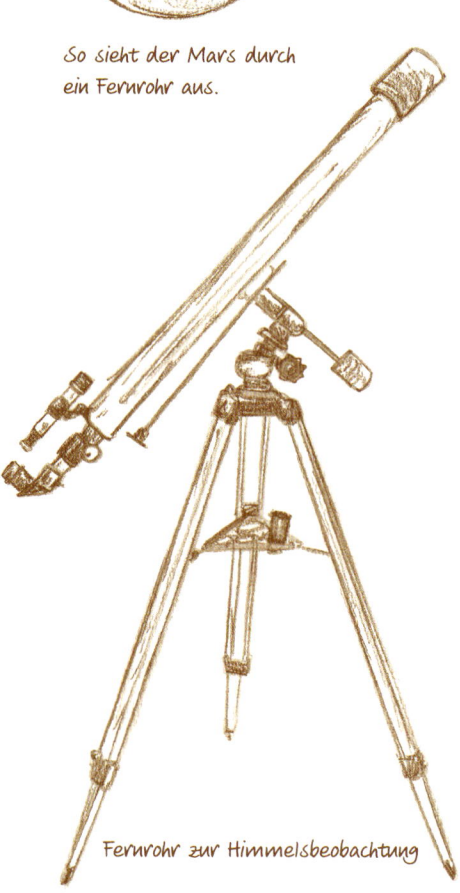

Fernrohr zur Himmelsbeobachtung

Mit einem Hilfsmittel

Um den Roten Planeten genauer betrachten zu können, brauchst du ein Fernrohr mit einem Objektiv von 60 bis 100 mm Durchmesser. Der Mars erscheint dann als kleine Scheibe mit schwarzen Flecken: Das sind die Erhebungen auf seiner Oberfläche. Weil sich der Mars auch um sich selbst dreht, verändern sich diese Flecken im Laufe der Zeit. Da es auf dem Mars sogar Jahreszeiten gibt, kannst du vielleicht die Eisdecke an seinen Polen erkennen, während es dort Winter ist.

DER ROTE PLANET

Seine rötliche Färbung verdankt der Mars kleinen Eisenpartikeln, die seit Milliarden von Jahren rosten. Ein anderes Wort für das »Rosten« ist »Oxidation«. Es ist eindeutig erwiesen, dass es früher auf dem Mars Wasser gab, das die Oxidation beschleunigte. Doch gab es auf dem Mars auch Lebewesen? Diese Frage konnten die Astronomen bisher nicht beantworten.

Die Oberfläche des Mars ist zerklüftet: Er hat lange, tiefe Täler und hohe Berge.

REKORDHÖHE

Auf dem Mars befindet sich der höchste erloschene Vulkan unseres gesamten Sonnensystems: der Olympus Mons. Er ist 26 km hoch und 600 km breit. Das ist unvorstellbar groß! Zum Vergleich kannst du mit Knetmasse ein Modell vom Mount Everest, dem höchsten Berg der Erde, und dem Olympus Mons anfertigen.

🍃 Für den Olympus Mons benötigst du einen Vulkan mit einem unteren Durchmesser von 30 cm und einer Höhe von 1,04 cm.

🍃 Für den Mount Everest brauchst du einen spitzen Berg mit einer Grundfläche von 1 cm und einer Höhe von 0,4 cm.
Was für ein gewaltiger Unterschied!

Mount Everest

Olympus Mons

JUPITER UND SATURN

Jupiter und Saturn gehören zu den sogenannten Gasriesen. Sie wurden das erste Mal vor etwa 400 Jahren von dem berühmten Astronomen Galileo Galilei (1564–1642) mit einem Fernrohr entdeckt. Einige seiner Zeichnungen werden in der Stadt Florenz in Italien aufbewahrt.

BEOBACHTUNG

Jupiter und Saturn kann man die ganze Nacht über erkennen. Jupiter ist weißlich hell, Saturn leicht gelblich. Am besten kannst du sie jeweils beobachten, wenn sie in Opposition stehen, also in einer Linie mit Sonne und Erde. Für Jupiter ist dies im Dezember 2012 und Januar 2014 der Fall, für Saturn im April 2013 und im Mai 2014.

AUF DEN SPUREN GALILEIS

Durch dein Fernrohr oder Teleskop kannst du die beiden außergewöhnlichen Planeten beobachten und die gleichen Entdeckungen machen wie Galileo Galilei.

Die Monde des Jupiters

Der geniale italienische Wissenschaftler Galilei entdeckte vier helle Punkte auf beiden Seiten des Jupiters: die vier größten Monde Io, Europa, Ganymed und Kallisto. In Wirklichkeit besitzt der Planet 63 Monde, doch die anderen sind zu klein und daher von der Erde aus nicht sichtbar. Die vier »Galileischen Monde« kannst du jedoch jeden Abend auf ihrem Rundgang um Jupiter mit dem Fernrohr begleiten.

Die Ringe des Saturns bestehen aus unterschiedlich großen Gesteins- und Eisbrocken.

Io

Europa

Ganymed

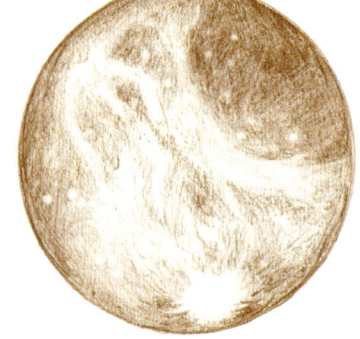

Kallisto

Die Ringe des Saturns

Galilei wunderte sich, als er die »Henkel« an beiden Seiten der Planetenscheibe entdeckte. Er konnte sie noch nicht als Ringe deuten. Du selbst kannst im Laufe der Monate das Ringsystem des Saturns aus verschiedenen Winkeln sehen, da sich die Positionen von Erde und Saturn bei ihrer Umdrehung um die Sonne verändern.

STECKBRIEFE

Jupiter

Um seine Atmosphäre verlaufen dunkle Wolkenbänder sowie ein großer roter Fleck. Dieser Fleck ist ein riesiger Wirbelsturm – der größte des ganzen Sonnensystems mit Windgeschwindigkeiten von mehr als 400 km/h.

ANGENEHMER AUFENTHALT?

Auf diesen beiden Planeten könntest du nicht laufen, geschweige denn atmen. Sie bestehen größtenteils aus giftigen Gasen. Das Einzige, was du dort oben machen könntest, wäre Fallschirmspringen oder Drachen-fliegen!

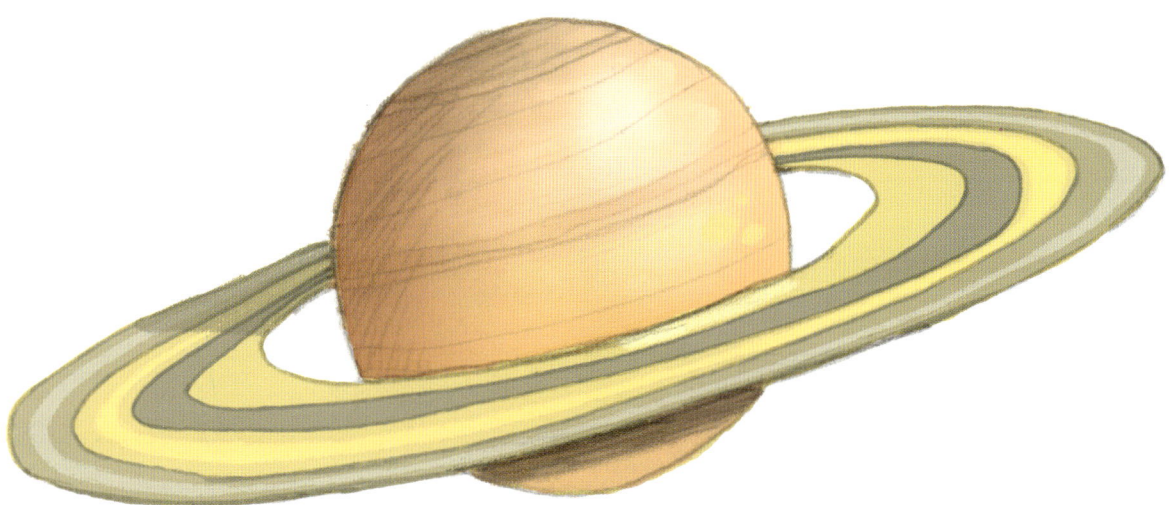

Saturn

Der Saturn ist bekannt für seine Ringe, die eine Fläche von über 400 000 km haben und aus Milliarden von Gesteinsbrocken und gefrorenen Teilchen bestehen. Diese Größe entspricht etwa dem zehnfachen Erdumfang. Außerdem umkreisen den Saturn mehr als 60 Monde. Der größte und bekannteste von ihnen ist Titan.

KOMETEN UND ASTEROIDEN

Diese Himmelskörper entstanden zusammen mit der Sonne und den Planeten vor etwa 4,5 Milliarden Jahren und haben sich seitdem kaum verändert. Wissenschaftler erforschen sie, um mehr über die Entstehung unseres Sonnensystems zu erfahren. Kometen und Asteroiden können allerdings auch gefährlich werden: Wenn sie uns zu nahe kommen, können sie auf der Erde einschlagen.

VERWECHSLUNGSGEFAHR

Asteroiden sind große Gesteinsbrocken, die hauptsächlich im Asteroidengürtel zwischen Mars und Jupiter um die Sonne kreisen.

Asteroidengürtel

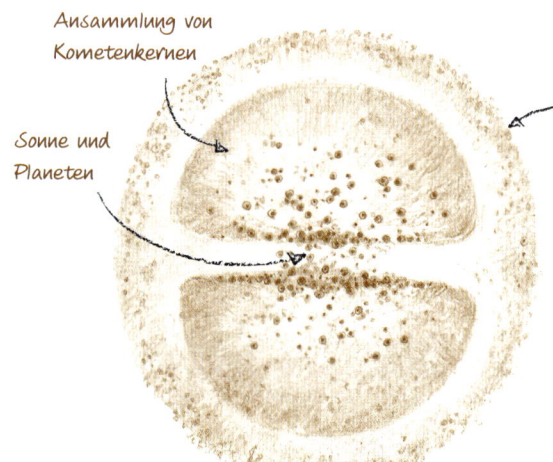

Oort'sche Wolke

Ansammlung von Kometenkernen

Sonne und Planeten

Grenze unseres Sonnensystems

Kometen bestehen aus vereisten Gesteinsbrocken und Staubteilchen. Die meisten von ihnen befinden sich hinter der Umlaufbahn des Neptuns und kommen dort am Rande unseres Sonnensystems in gehäufter Form, wie etwa in der Oort'schen Wolke, vor.

Eines haben Kometen und Asteroiden gemeinsam: Von Zeit zu Zeit prallen einige von ihnen zusammen und werden dadurch in Richtung Sonne und Erde geschleudert. Dann können wir sie von der Erde aus am Himmel beobachten.

BEOBACHTUNG

Kometen kannst du am Himmel als verschwommene Flecken sehen, manche sogar mit bloßem Auge. Für andere wiederum brauchst du ein Hilfsmittel zur Vergrößerung. Die meisten Asteroiden kannst du nur mit einem Fernrohr oder Teleskop erkennen und selbst dann nur als helle Punkte.

KOMETENSCHWEIF

Astronomen versuchen zwar, die Helligkeit von Kometen am Himmel vorherzusagen, doch manchmal werden selbst sie von ihrer enormen Leuchtkraft überrascht. Nähert sich ein Komet der Sonne, dann schmilzt sein Eis und es entsteht ein auffälliger Schweif aus Wasserdampf, Gas und Staubteilchen. Dadurch ist ein Komet wesentlich schöner anzusehen als ein Asteroid, der die Form eines Gesteinsbrockens beibehält.

Komet

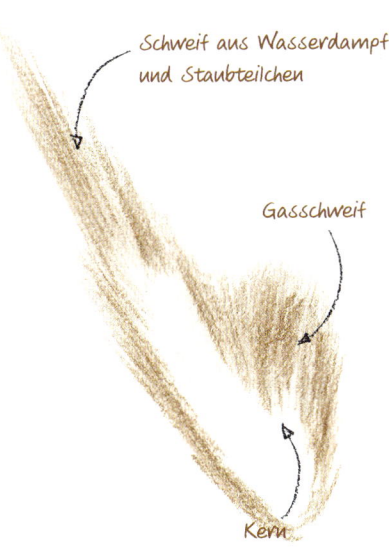

Schweif aus Wasserdampf und Staubteilchen

Gasschweif

Kern

Vermutlich sorgte vor 65 Millionen Jahren ein Kometen- oder Asteroideneinschlag auf der Erde für das Aussterben der Dinosaurier.

DEIN EIGENER KOMET?
Viele Forscher versuchen heutzutage, einen bisher unbekannten Kometen oder Asteroiden zu entdecken, und suchen dafür mit ihren Teleskopen den Himmel ab. Gelingt es ihnen, so benennen sie ihn nach sich selbst. Ein Beispiel ist der britische Astronom Edmund Halley (1656–1742), der herausfand, dass ein bestimmter Komet alle 76 Jahre wiederkehrt. Na dann, viel Erfolg!

Asteroid

STERNSCHNUPPEN

Vielleicht hast du dir auch schon einmal etwas gewünscht, wenn du eine Sternschnuppe am Himmel gesehen hast, und vielleicht ging dein Wunsch sogar in Erfüllung. Dieses Schauspiel ist auf jeden Fall magisch.

Meteore und Meteoriten

Die wissenschaftliche Bezeichnung für eine Sternschnuppe lautet »Meteor«. Meteore sind kleine Gesteins- oder Staubbrocken, die beim Eintritt in die Erdatmosphäre meistens vollständig verglühen. Tun sie das nicht, so trifft der Rest des Brockens als Meteorit auf die Erdoberfläche.

Meteorit

Der beste Beobachtungszeitpunkt

Auf ihrer Umlaufbahn um die Sonne begegnen der Erde ganze Ströme von Staubpartikeln und kleinen Gesteins-brocken, die ein vorbeiziehender Komet verloren hat (siehe Seite 38–39). Daher gibt es jedes Jahr bestimmte Nächte, in denen du wahre Meteorschauer beobachten kannst. Die Monate August und November eignen sich am besten für eine Sternschnuppenbeobachtung.

Entstehung einer Sternschnuppe

Trifft ein Staubkorn, Steinchen oder Gesteinsbrocken aus dem Weltall mit voller Geschwindigkeit auf die Erdatmosphäre, wird es durch die entstehende Reibung stark erhitzt. Es entzündet sich, und ein Feuerschweif wird sichtbar: Eine Sternschnuppe ist geboren! Versuche selbst einmal, Wärme durch Reibung zu erzeugen, indem du deine Hände aneinanderreibst. Glücklicherweise werden sie nicht so heiß, dass sie anbrennen!

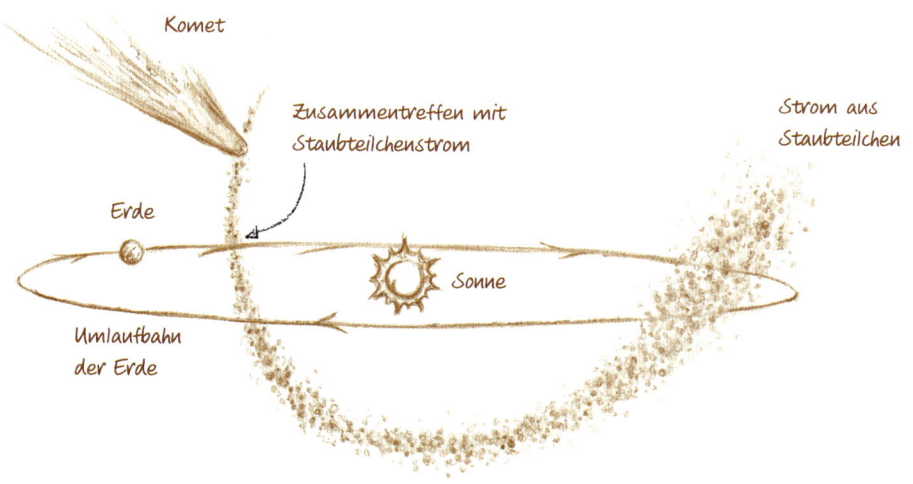

Komet

Zusammentreffen mit Staubteilchenstrom

Strom aus Staubteilchen

Erde

Sonne

Umlaufbahn der Erde

»Ernte« deine eigenen Mikrometeoriten

- Schüssel
- Regenwasser
- Magnet

Staubpartikel von Meteoriten, die durch die Erdatmosphäre gelangt sind, haften sich an Wassertropfen. Anschließend fallen sie als Regen auf die Erde. So kannst du deine eigenen Mikrometeoriten aufspüren:

☞ Sammle etwas Regenwasser aus der Dachrinne eures Hauses in einer Schüssel.

☞ Gieße vorsichtig das meiste Wasser ab, jedoch ohne die Staubkörnchen am Boden wegzuschütten.

☞ Stelle die Schüssel neben die Heizung oder in die Sonne, damit das restliche Wasser verdampft.

☞ Halte nun den Magneten über die getrockneten Staubkörner. Diejenigen Körnchen, die vom Magneten angezogen werden, bestehen aus Eisen. Gratulation! Mit großer Wahrscheinlichkeit stammen sie aus dem Weltall, da einige Meteoriten Eisen enthalten.

GUT VERSTECKT

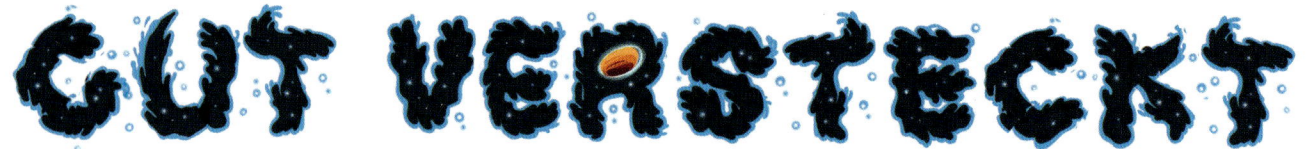

Auch wenn du über Jahre hinweg jede Nacht den Himmel beobachtest, wirst du niemals alle Himmelskörper sehen können, die es gibt. Einige davon kannst du nie mit bloßem Auge erkennen, weil sie entweder zu weit entfernt, zu dunkel oder sogar unsichtbar sind. »Sehen« wir uns diese Himmelskörper doch mal genauer an!

WEIT ENTFERNTE PLANETEN

Uranus

Pluto

Zwergplanet

Neptun

Uranus

Neptun

Uranus und Neptun

Schau dir noch einmal dein Modell unseres Sonnensystems an (siehe Seite 31): Uranus und Neptun sind kleine Kügelchen von 3,5 mm Durchmesser, die mehr als 200 m von unserem Planeten entfernt sind. Kannst du sie von der Erde aus erkennen? Unmöglich! Am Himmel kann man Uranus und Neptun nur mit einem Teleskop entdecken und auch nur dann, wenn man ihre genaue Position zum jeweiligen Zeitpunkt kennt. Sollte es dir dennoch gelingen, dann erscheinen die beiden Planeten nur als kleine helle Punkte.

Zwergplaneten

Meist sind Zwergplaneten kleiner als unser Mond, und sie befinden sich größtenteils hinter Neptun, dem letzten Planeten unseres Sonnensystems. Man kann sie nur mit einem großen Teleskop sehen, und selbst damit erkennt man keine Einzelheiten. Der bekannteste Zwergplanet ist Pluto.

Pluto besitzt einen Durchmesser von nur 2.300 km und ist damit 5-mal kleiner als die Erde.

SCHWARZE LÖCHER

Steckbrief

Ein schwarzes Loch entsteht, wenn ein sehr großer und schwerer Stern zusammenbricht. Er schrumpft dabei zu einem kleinen Gebilde mit enormer Anziehungskraft, das jeden Stern, Nebel (siehe Seite 56) oder Planeten in seiner Nähe unwiederbringlich einsaugt. Ein schwarzes Loch ist unsichtbar und kann nur entdeckt werden, wenn Himmelskörper darin verschwinden. Glücklicherweise gibt es in der Nähe unserer Erde keine schwarzen Löcher!

Exoplaneten

Sogenannte Exoplaneten befinden sich außerhalb unseres Sonnensystems und kreisen daher nicht um die Sonne, sondern um einen anderen Stern. Einige Hundert davon konnten schon entdeckt werden, obwohl sie sehr weit von unserem Sonnensystem entfernt sind.

Wie in einem Trichter

Sobald ein Himmelskörper in die Nähe eines schwarzen Lochs gerät, beginnt er, sich um das Loch zu drehen, bis er schließlich von ihm »verschluckt« wird. Das ist ähnlich wie mit einer Kugel, die in einem Trichter kreist: Auch sie kann nicht mehr entkommen und dreht sich so lange, bis sie durch das Loch fällt. Was mit den eingesaugten Himmelskörpern im Weltall passiert, ist noch nicht erforscht.

STERNBILDER

In der Antike gab es noch keine Bücher mit Geschichten zum Lesen oder Vorlesen. Als Zeitvertreib beobachteten die Menschen den Himmel. Sie stellten sich vor, dass mehrere Sterne zusammen Figuren darstellen. So entstanden die Sternbilder in Form von Menschen, Tieren oder Gegenständen. Heute kennen wir 88 solcher Sternbilder.

VERSCHIEDENE MODELLE

Eine Sternkarte kann dir zeigen, welche Sternbilder an einem bestimmten Tag sichtbar sind. Wenn dir ein Sternbild besonders gut gefällt, kannst du dir auch ein kleines Modell davon bauen.

BESONDERE STERNBILDER

Als aufmerksamem Beobachter ist dir vielleicht aufgefallen, dass es Sternbilder gibt, die das ganze Jahr und auch die ganze Nacht über sichtbar sind. Zu ihnen gehören zum Beispiel der Große Bär und der Kleine Bär sowie die Kassiopeia. Du kannst beobachten, wie sie sich im Laufe der Nacht um den Polarstern bewegen.

BAUANLEITUNG FÜR EIN MODELL DEINES LIEBLINGSSTERNBILDES

Es gibt zwei Möglichkeiten, wie du ein Sternbild selbst nachbauen kannst:

Methode 1
Zeichne die einzelnen Sterne mit einem Bleistift auf den Boden eines Schuhkartons und bohre Löcher hindurch. Stelle nun hinter den Karton eine Lampe, sodass das Licht durch die Löcher scheint. Nun hast du dein eigenes funkelndes Sternbild!

Sternbild des Stiers als Modell

Sternbild der Zwillinge als Modell

Methode 2
Befestige selbstleuchtende Sterne an der Decke oder einer Wand deines Zimmers. Achte darauf, dass du die Aufteilung und den Abstand zwischen den Sternen ungefähr beibehältst.

BAUANLEITUNG FÜR EIN 3-D-MODELL

Die Sterne eines Sternbildes sind sehr weit von der Erde, aber auch voneinander entfernt. Um dir die Abstände zwischen den einzelnen Sternen besser vorstellen zu können, kannst du ein 3-D-Modell erstellen. Gut geeignet ist das Sternbild des Delfins, das im Sommer am Himmel sichtbar ist. Es besteht aus fünf Hauptsternen, die in Form eines kleinen Drachens angeordnet sind.

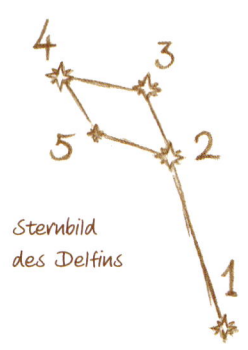

Sternbild
des Delfins

	Abstand Stern–Erde in Lichtjahren
Stern 1	359
Stern 2	97
Stern 3	241
Stern 4	101
Stern 5	203

Diese Tabelle zeigt dir noch einmal den Abstand zwischen den einzelnen Sternen und der Erde.

- Karton, 20 x 15 cm groß, 2 cm dick
- 5 dünne Holzstäbchen
- 5 Styroporkugeln, 2 cm Durchmesser
- Bleistift
- Taschenmesser
- Lineal

☐ Zeichne die fünf Sterne des Sternbildes im richtigen Abstand zueinander auf den Karton.

☐ Schneide die Holzstäbchen auf die richtige Größe zu:

☐ 3,59 cm (Abstand zwischen Stern 1 und der Erde)

☐ 0,97 cm (Stern 2)

☐ 2,41 cm (Stern 3)

☐ 1,01 cm (Stern 4)

☐ 2,03 cm (Stern 5)

☐ Befestige auf jedem Stäbchen eine Styroporkugel.

☐ Stecke jedes Stäbchen an seinen Platz. Wenn du nun das Sternbild von der Seite betrachtest, erkennst du, dass die Sterne unterschiedlich weit vom Karton entfernt sind. Das bedeutet, dass die echten Sterne unterschiedlich weit von der Erde entfernt sind und auch unterschiedlich weit auseinanderliegen.

GROSSER BÄR UND KLEINER BÄR

Diese beiden Sternbilder kennt fast jeder. Und sie sind auch sehr praktisch, weil sie uns bei der Orientierung am Nachthimmel mit Tausenden von Sternen einen Anhaltspunkt geben. Als Anfänger beruhigt es dich sicherlich, dass sie ständig am Himmel zu finden sind.

BÄR ODER WAGEN?

Eigentlich haben die beiden Sternbilder eher die Form eines Wagens als die eines Bären. Daher musst du am Himmel nach einem großen und einem kleinen Wagen Ausschau halten. Es gibt auch noch andere Merkmale, an denen du sie erkennen kannst:

☐ **Großer Bär:** Das Sternbild ist ungefähr doppelt so groß wie deine Hand. Die sieben hellsten Sterne des Großen Bären bilden das Sternbild des Großen Wagen. Seine Deichsel ist etwas abgeknickt. Du findest dieses Sternbild in Richtung Norden.

☐ **Kleiner Bär:** Dieses Sternbild ähnelt einer Zahnbürste mit gebogenem Stiel. Es ist kleiner als der Große Bär und seine Sterne leuchten weniger hell. Am Ende der Wagendeichsel befindet sich der Polarstern. Den Kleinen Bären findest du im Norden.

DER GROSSE WAGEN

Auf der Suche nach dem Bären
Der Große Wagen ist nur ein Teil des Sternbildes des Großen Bären. Die Sterne neben dem Wagen und unterhalb von ihm bilden die beiden Pfoten und den Kopf des Bären.

Augenprüfer
Betrachte aufmerksam den Stern am Knick der Deichsel. Siehst du dort zwei Sterne anstatt eines Sterns? Der hellere der beiden heißt Mizar. Er bildet mit seinem Begleiter Alkor einen sogenannten Doppelstern, der auch »Augenprüfer« genannt wird.

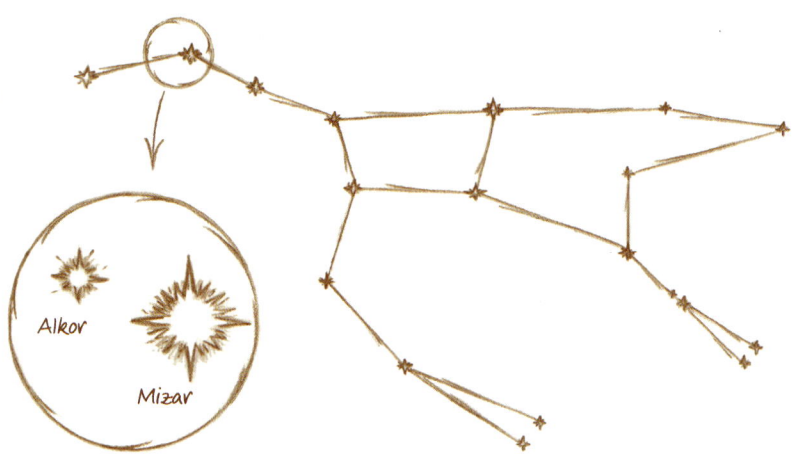

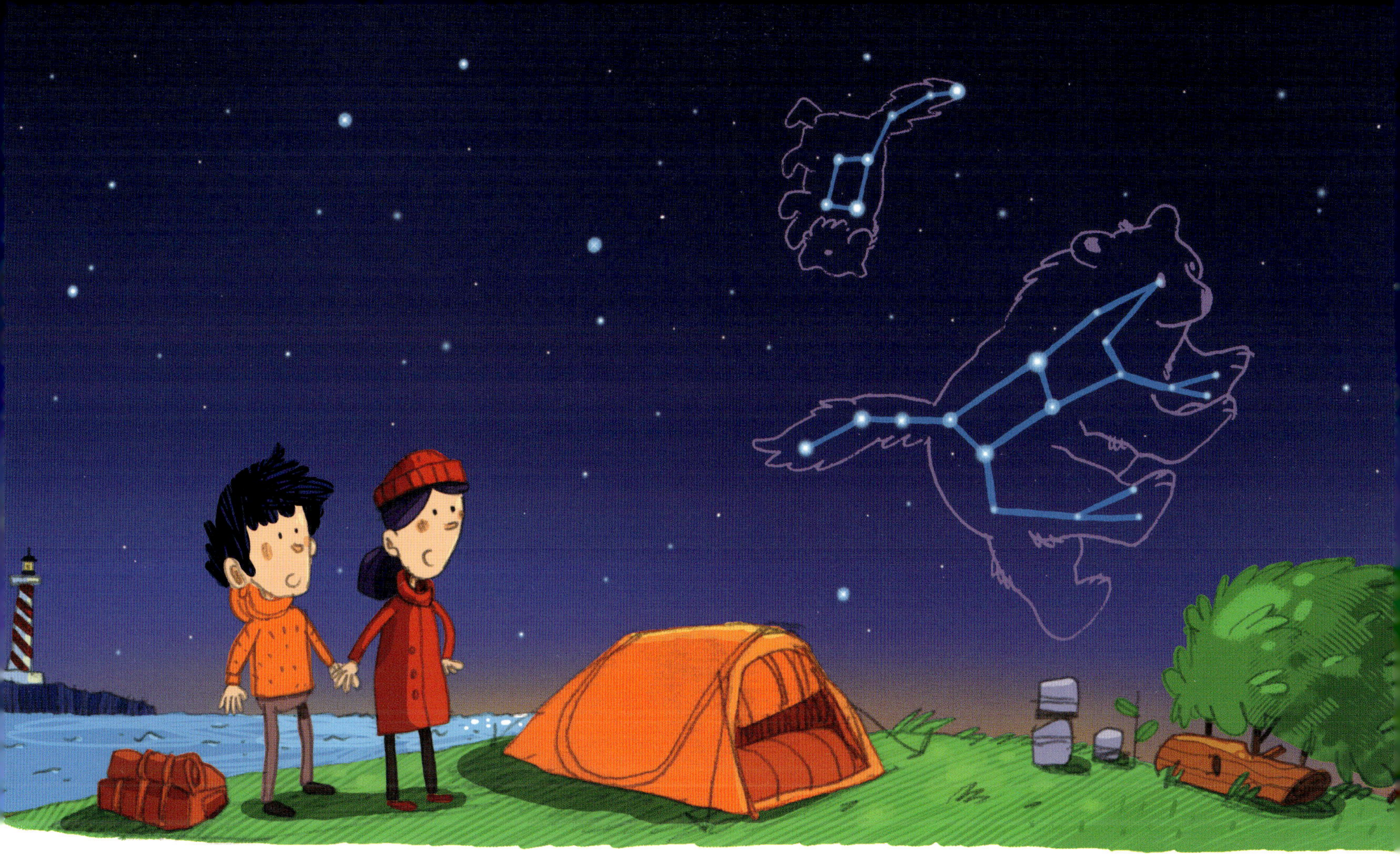

DER POLARSTERN

Der Polarstern bildet die Schwanzspitze des Kleinen Bären. Er hilft uns, die nördliche Richtung zu finden. Du triffst auf ihn, wenn du im Sternbild des Großen Bären die Verbindungslinie des hinteren Wagenteils um das Fünffache verlängerst (siehe Seite 27). Der Polarstern wird auch »Polaris« oder »Nordstern« genannt, weil er sich oberhalb des Nordpols der Erde in Verlängerung der Drehachse befindet.

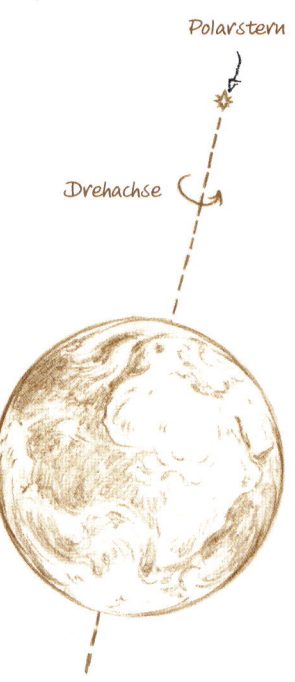

Polarstern

Drehachse

DER SOMMERHIMMEL

Im Sommer bietet der Himmel einen besonders schönen Blick auf die Sternbilder, wie etwa Skorpion, Schwan, Adler, Delfin oder Herkules. Nutze die langen und milden Sommerabende für ausgedehnte Beobachtungen und reichlich Zeit zum Träumen.

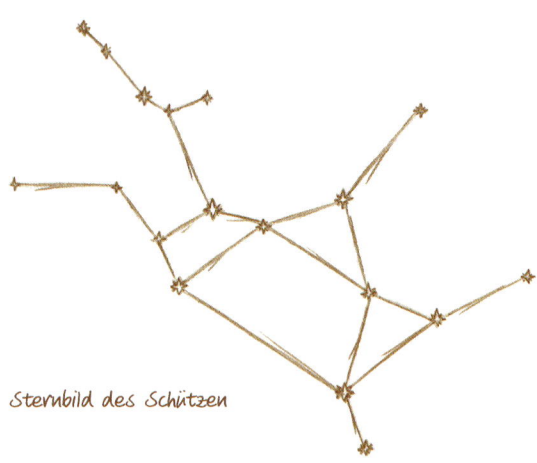

Sternbild des Schützen

TIERKREISZEICHEN

Der Skorpion ist eines von 13 Stern-bildern des Tierkreises. Aus der Astrologie und den Horoskopen kennen die meisten Menschen nur 12 Tierkreiszeichen, in Wahrheit gibt es aber 13 Sternbilder. Das 13. ist der Schlangenträger. Neben dem Sternbild des Skorpions sieht man am Sommerhimmel auch die Waage, den Schlangenträger, den Schützen und den Steinbock.

DER SKORPION

Das Sternbild des Skorpions befindet sich in den Sommermonaten nur knapp über dem südlichen Horizont. Es besteht aus mindestens 15 hellen Sternen, die den aufgerichteten Stachel und die Scheren des Tieres bilden. Von Deutschland aus ist es im Sommer nur teilweise sichtbar.

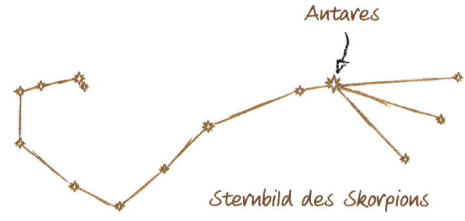

Antares

Sternbild des Skorpions

1 Perseus
2 Andromeda
3 Luchs
4 Giraffe
5 Kassiopeia
6 Polarstern
7 Kleiner Bär
8 Kepheus
9 Pegasus
10 Eidechse
11 Großer Bär
12 Drache
13 Löwe
14 Schwan
15 Bärenhüter
16 Delfin
17 Wassermann
18 Leier
19 Herkules
20 Nördliche Krone
21 Adler
22 Schlange
23 Jungfrau
24 Schlangenträger
25 Waage
26 Steinbock
27 Skorpion
28 Schütze

Nördlicher Horizont

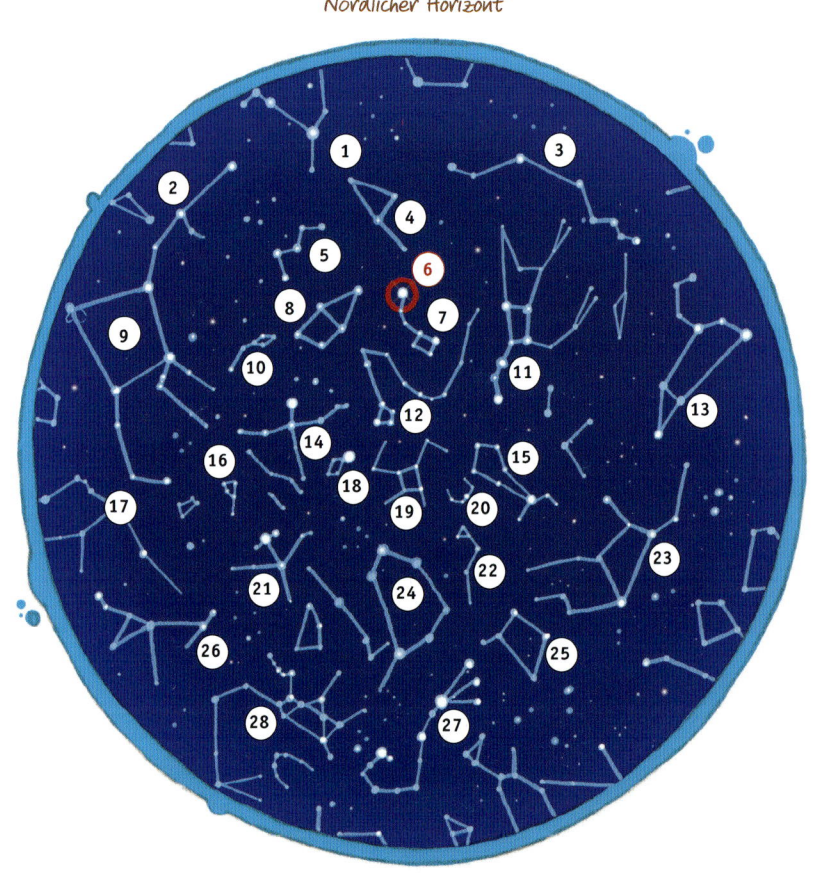

Südlicher Horizont

Sternkarte des Sommerhimmels zu Beginn der Nacht

DER SCHWAN

Schau in Richtung Milchstraße (siehe Seite 54) und suche ein etwa handgroßes Sternbild, das wie ein Kreuz angeordnet ist. Der Schwan segelt von Juni bis November über unseren nächtlichen Himmel.

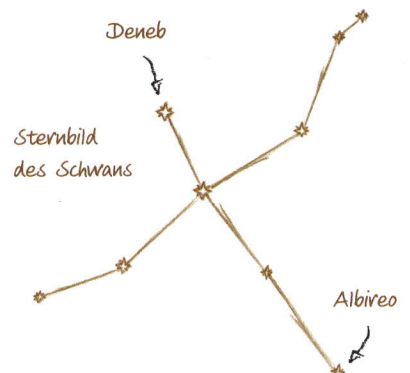

Deneb

Sternbild
des Schwans

Albireo

BESONDERE STERNE

Antares

Antares ist der hellste Stern des Skorpions. Du kannst ihn nicht verfehlen: Er funkelt rot.

Albireo

Albireo ist ein Doppelstern und bildet den Kopf des Schwans. Mit einem Fernrohr oder Teleskop kannst du erkennen, dass es sich eigentlich um zwei kleine Sterne handelt: Albireo A ist orange und Albireo B blau. Die beiden stehen dicht beieinander und umkreisen sich.

Das Sommerdreieck

Es besteht aus den Sternen Deneb, Altair und Wega, die jeweils Teil der Sternbilder des Schwans, des Adlers und der Leier sind. Im Sommer sind diese drei Sterne in Form eines Dreiecks die ersten, die du nach Sonnenuntergang am Himmel siehst.

Das Sommerdreieck ist leicht am Nachthimmel zu finden und kann dir dabei helfen, weitere Sternbilder ausfindig zu machen.

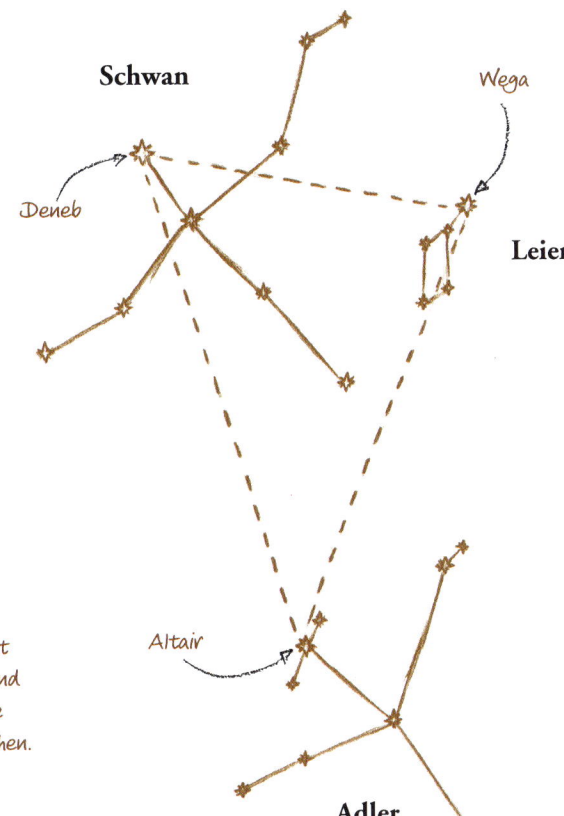

Schwan

Wega

Deneb

Leier

Altair

Adler

Skorpion in der Mythologie

NOCH MEHR LEGENDEN

In der griechischen Mythologie gilt der Skorpion als Feind des Jägers Orion. Er verfolgt Orion unaufhörlich, ohne ihn jedoch jemals zu erwischen. Denn während der Skorpion im Sommer am Himmel steht, ist Orion ein Sternbild des Winterhimmels.

Der Schwan verkörpert den Göttervater Zeus. Er verwandelte sich in dieses majestätische Tier, um die schöne Leda zu verführen.

Schwan in der Mythologie

DER HERBSTHIMMEL

Während der ungemütlichen Herbstmonate

fällt es dir vielleicht schwerer, den Himmel zu betrachten. Doch viele Sternbilder haben gerade zu dieser Jahreszeit die Fantasie unserer Vorfahren beflügelt!

Die Familie der Kassiopeia

Das auffällige »W« des Sternbildes der Kassiopeia kann man nicht verfehlen, da es das ganze Jahr über neben dem Großen und dem Kleinen Bären (siehe Seite 46–47) zu sehen ist. Es stellt die Königin Kassiopeia auf ihrem Thron dar. Im Herbst findest du nicht weit entfernt davon ihren Ehemann Kepheus, ihre Tochter Andromeda, ihren Schwiegersohn Perseus und das Pferd Pegasus.

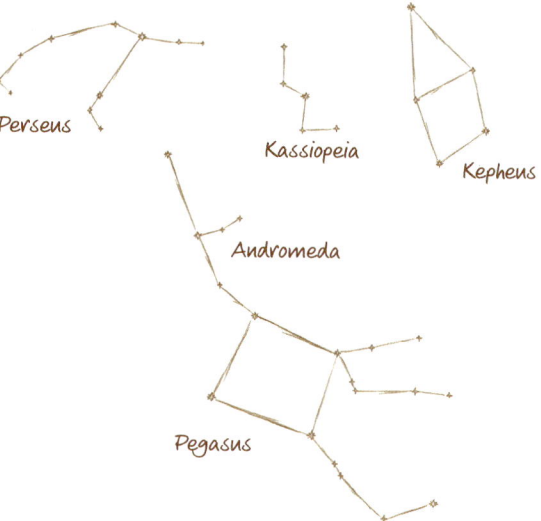

Perseus
Kassiopeia
Kepheus
Andromeda
Pegasus

Eine abenteuerliche Geschichte

In der griechischen Mythologie verkörpert Kassiopeia eine eitle Königin, die sich für die schönste aller Frauen hält – schöner sogar als die Nymphen des Meeres. Die eifersüchtigen Meeresnymphen beklagen sich daher beim Meeresgott Poseidon. Poseidon verlangt daraufhin von König Kepheus, seine Tochter einem Meeresungeheuer zu opfern. Aus Angst vor dem Zorn der Götter liefert Kepheus seine Tochter Andromeda dem Ungeheuer aus. Im letzten Moment jedoch wird die Königstochter vom schönen und tapferen Perseus gerettet, der sie auf seinem geflügelten Pferd Pegasus mitnimmt.

(1) Großer Bär
(2) Luchs
(3) Nördliche Krone
(4) Zwillinge
(5) Kleiner Bär
(6) Polarstern
(7) Giraffe
(8) Fuhrmann
(9) Drache
(10) Herkules
(11) Leier
(12) Orion
(13) Stier
(14) Perseus
(15) Kassiopeia
(16) Kepheus
(17) Schwan
(18) Adler
(19) Andromeda
(20) Widder
(21) Pegasus
(22) Delfin
(23) Fische
(24) Walfisch
(25) Wassermann
(26) Steinbock

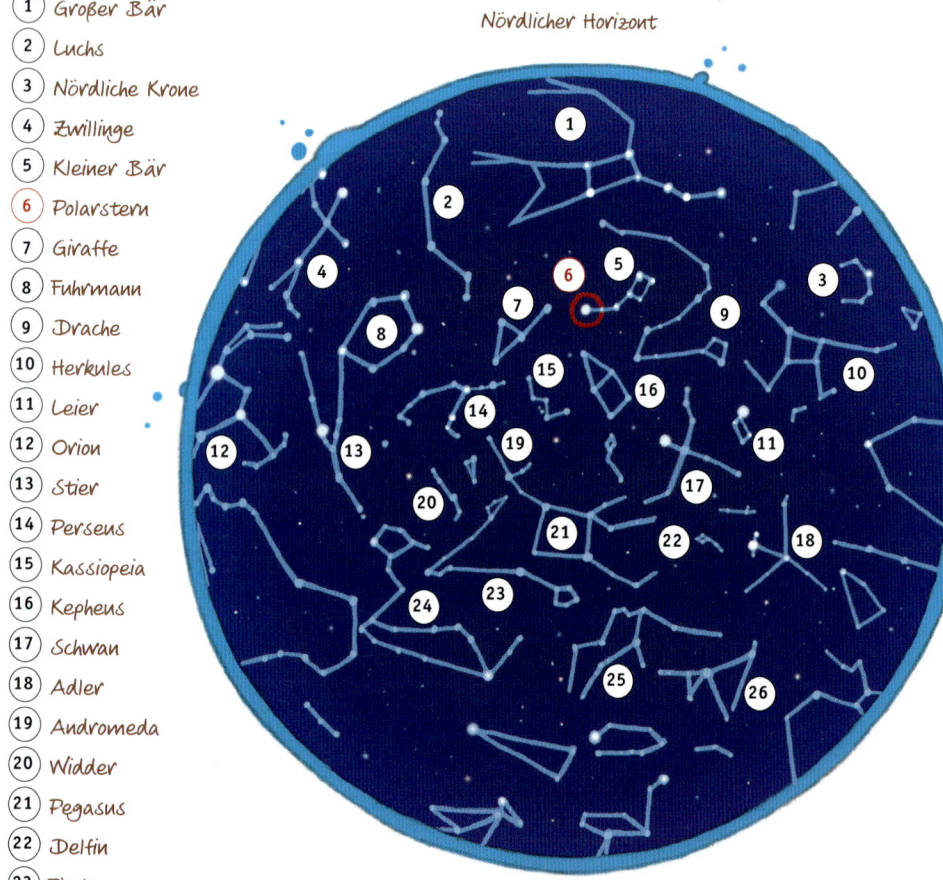

Nördlicher Horizont

Südlicher Horizont

Sternkarte des Herbsthimmels zu Beginn der Nacht

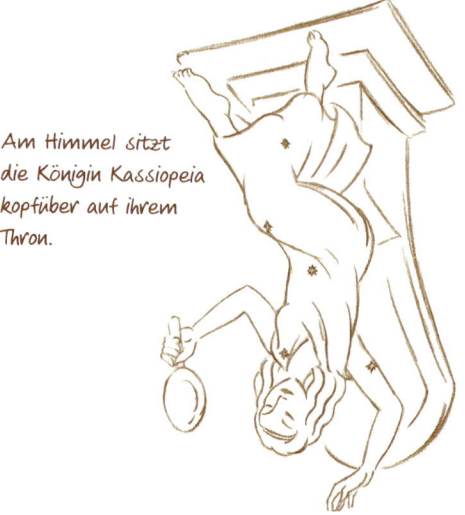

Am Himmel sitzt die Königin Kassiopeia kopfüber auf ihrem Thron.

DER FRÜHLINGSHIMMEL

Am Frühlingshimmel gibt es nicht so viele auffällige Sternbilder wie am Winterhimmel. Aber wenigstens holst du dir während deiner Beobachtungsausflüge keine kalten Füße.

Der König der Savanne

Versuche einmal, ob du mithilfe der folgenden Hinweise das gesuchte Sternbild findest:

☐ Es hat die Form eines umgedrehten Fragezeichens und befindet sich unterhalb des Großen Bären in Richtung Süden.

☐ Wenn du es in die Länge ziehst, ähnelt es einer Maus oder einem Bügeleisen.

Richtig, du hast das Sternbild des Löwen entdeckt! Du kannst es jede Nacht im April und Mai sehen.

Regulus

Dieses Sternbild verkörpert den unverwundbaren Nemëischen Löwen.

1. Kepheus
2. Kassiopeia
3. Leier
4. Drache
5. Polarstern
6. Kleiner Bär
7. Giraffe
8. Perseus
9. Fuhrmann
10. Luchs
11. Herkules
12. Zwillinge
13. Stier
14. Nördliche Krone
15. Bärenhüter
16. Großer Bär
17. Orion
18. Krebs
19. Schlange
20. Jungfrau
21. Kleiner Hund
22. Löwe
23. Einhorn
24. Großer Hund
25. Wasserschlange
26. Becher
27. Rabe

Nördlicher Horizont

Südlicher Horizont

Sternkarte des Frühlingshimmels zu Beginn der Nacht

Der Hüter des Großen Bären

In der Nähe des Löwen befindet sich das Sternbild des Bärenhüters, der eine Herde aus sieben Ochsen leitet: die sieben Sterne des Großen Bären. Das Sternbild des Bärenhüters ist leicht zu erkennen, da es die Form einer Eistüte oder eines großen Drachens hat. Verlängere die Deichsel des Großen Wagens und du triffst genau auf den hellsten Stern des Bärenhüters: Arktur.

Sternbild des Bärenhüters

Arktur

DER WINTERHIMMEL

Am Winterhimmel kannst du ein ganz besonderes Schauspiel beobachten: Begleitet von seinem Hund kämpft der mächtige Jäger Orion gegen einen Stier. Versuche einmal, die Sterne dieser drei Wesen aus der griechischen Mythologie am Himmel zu finden.

① Schwan
② Drache
③ Großer Bär
④ Kleiner Bär
⑤ Polarstern
⑥ Kepheus
⑦ Kassiopeia
⑧ Giraffe
⑨ Luchs
⑩ Löwe
⑪ Krebs
⑫ Fuhrmann
⑬ Perseus
⑭ Andromeda
⑮ Pegasus
⑯ Zwillinge
⑰ Wasserschlange
⑱ Kleiner Hund
⑲ Orion
⑳ Stier
㉑ Fische
㉒ Widder
㉓ Großer Hund
㉔ Hase
㉕ Walfisch
㉖ Einhorn

Nördlicher Horizont

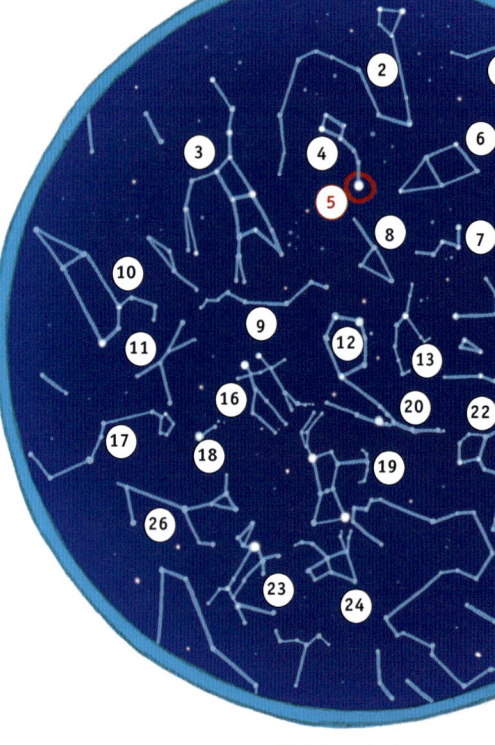

Südlicher Horizont

Sternkarte des Winterhimmels zu Beginn der Nacht

Sternbild des Orion

Beteigeuze

Orionnebel (siehe Seite 56)

Rigel

Der Jäger

Orion ist das auffälligste Sternbild des Winterhimmels. An den folgenden Merkmalen kannst du es erkennen:

⬜ Die Hauptfigur ähnelt einer riesigen Sanduhr.

⬜ Die drei Sterne in der Mitte der Hauptfigur stehen in einer exakten Reihe.

⬜ Beteigeuze, der große Stern oben links, leuchtet rot.

⬜ Rigel, der helle Stern unten rechts, leuchtet blau.

So wird Orion in der griechischen Mythologie dargestellt.

ZEUS ALS STIER

In der Antike stellten sich die Griechen vor, dass der Stier den Göttervater Zeus darstellt. Sie glaubten, dass er sich in einen Stier ver- wandelte, um heimlich die Prinzessin Europa zu entführen.

Stier in der Mythologie

Hund und Stier

Mit diesen Hinweisen kannst du die beiden Nachbarstern-bilder, ausgehend von Orion, besser finden:

▢ Suche den Gürtel des Jägers: Das sind die drei aufgereihten Sterne in der Mitte. Verlängere den Gürtel nach oben. Dabei triffst du auf Aldebaran, das Auge des Stiers. Es leuchtet rot.

▢ Verlängere nun den Gürtel des Jägers nach unten. Dabei stößt du auf Sirius, der das Halsband des Hundes darstellt. Sirius wirst du sicher problemlos erkennen, weil er der hellste Stern am Nachthimmel ist.

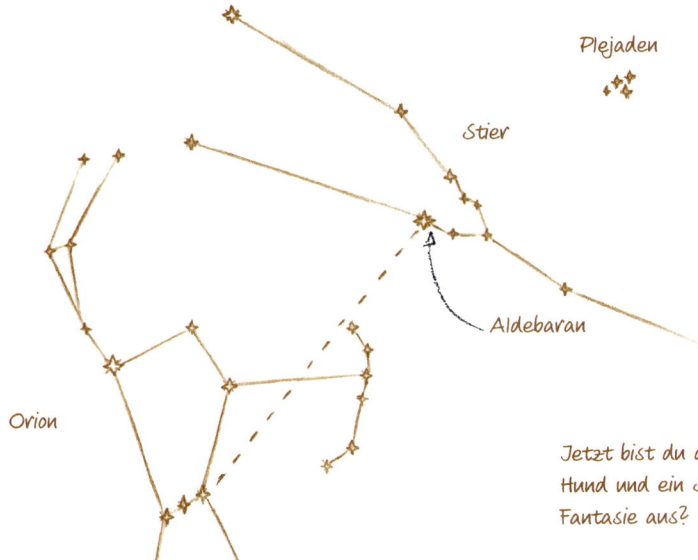

Plejaden

Stier

Aldebaran

Orion

Orion

Sirius

Großer Hund

Jetzt bist du dran: Wie sehen ein Hund und ein Stierkopf in deiner Fantasie aus?

Doch damit nicht genug!

Es gibt sogar noch mehr Gesellschaft am Himmel: Oberhalb von Orion siehst du die Zwillinge mit den beiden hellen Sternen Kastor und Pollux. Weiter unten findest du den Kleinen Hund mit Prokyon, seinem hellsten Stern. Und dann gibt es noch über 20 weitere Sternbilder, die je nach Jahreszeit darauf warten, von dir entdeckt zu werden! Na dann, nichts wie rein in die warme Jacke und auf zu deiner Beobachtungsstation!

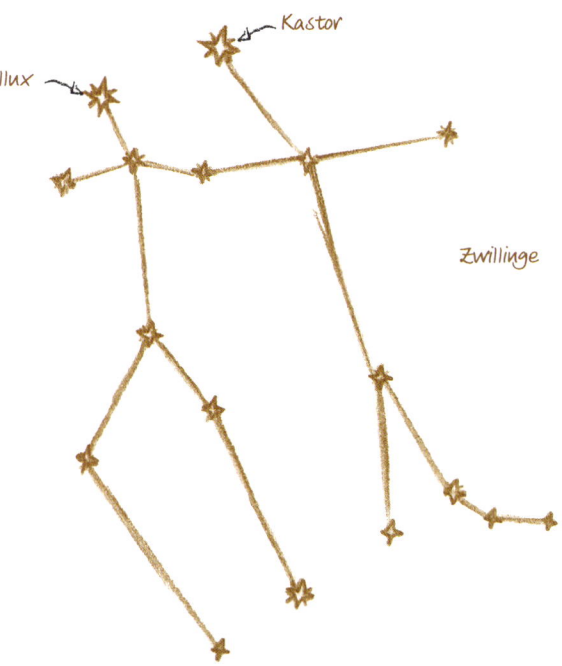

Kastor

Pollux

Zwillinge

Kleiner Hund

Prokyon

ENDLOSE WEITEN

Weite Teile des Himmels blieben den Menschen für lange Zeit ein Rätsel. So konnten sich die Griechen, Römer und Araber die milchigen Flecken am Himmel noch nicht erklären. Erst seit dem 17. Jahrhundert gelingt es Sternforschern, Antworten zu finden – und dies dank der Erfindung wundersamer Geräte, wie dem Fernrohr.

GALAXIEN

Das Universum besteht aus 100 Milliarden von Galaxien. Diese wiederum enthalten mehrere 100 Milliarden Sterne. Die meisten Sterne werden von Planeten umkreist. Schauen wir uns doch die Galaxien einmal genauer an, besonders unsere eigene. Wenn wir von ihr sprechen, sagen wir übrigens »Galaxis«.

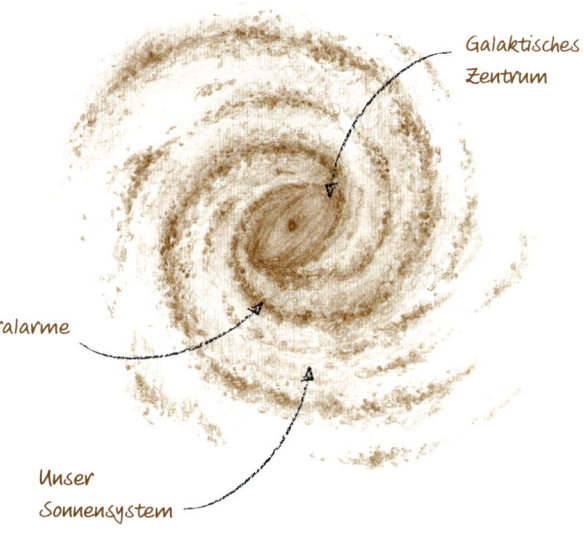

Unsere Galaxis von oben gesehen

Galaktisches Zentrum

Spiralarme

Unser Sonnensystem

Seitenansicht

DIE MILCHSTRASSE

Milch am Himmel?

Mittlerweile hast du bei deinen Beobachtungen bestimmt schon den weißlichen Streifen entdeckt, der sich über den Nachthimmel erstreckt: die Milchstraße. Verwende dazu deine technischen Hilfsmittel:

👓 Mit dem Fernglas siehst du Hunderte von Sternen.
👓 Durch das Fernrohr oder Teleskop entdeckst du Tausende Sterne, aber auch Sternhaufen und Nebel (siehe Seite 56–57).

Die Bezeichnung »Milchstraße« stammt von den Griechen, die das weißliche Band am Himmel für verschüttete Milch hielten.

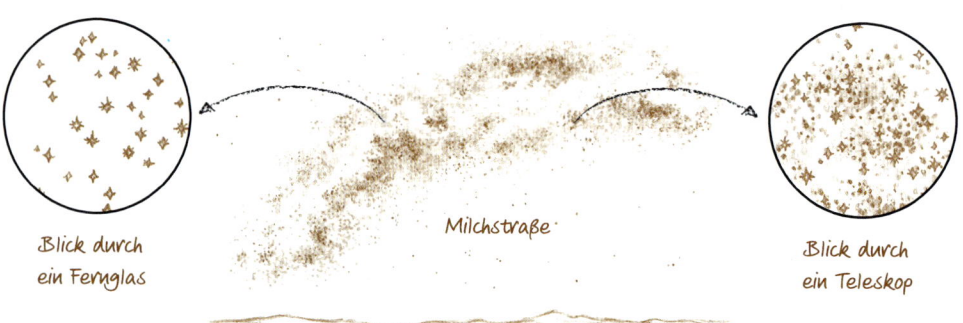

Blick durch ein Fernglas

Milchstraße

Blick durch ein Teleskop

Ihr wahres Gesicht

Der Begriff »Milchstraße« bezeichnet auch unsere ganze Galaxis. Würde man aus einem Raumschiff von oben darauf schauen, so sähe man einen Strudel von 200 Milliarden Sternen.

Bauanleitung für deine eigene Galaxis

- Styroporplatte, 25 x 25 cm, 2 cm dick
- Styroporkugel, 5 cm Durchmesser
- Bleistift
- Schere
- Klebstoff

🔭 Zeichne mit dem Bleistift das Zentrum und die Arme unserer Galaxis auf die Styroporplatte. Halte dich dabei an die folgenden Größenangaben:

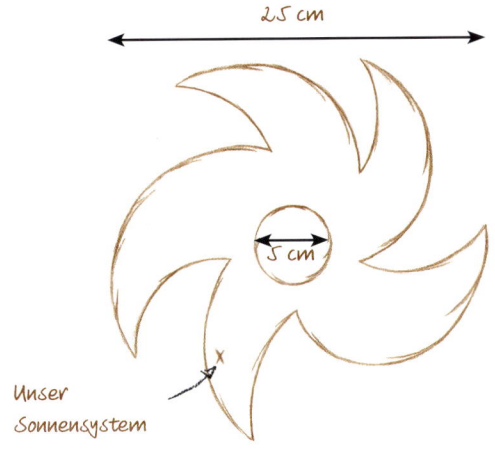

25 cm

5 cm

Unser Sonnensystem

🔭 Schneide die Galaxis entlang der vorgezeichneten Linie mit der Schere aus.
🔭 Halbiere die Styroporkugel in der Mitte.
🔭 Klebe nun die beiden Hälften der Kugel als galaktisches Zentrum auf beide Seiten der Styroporspirale.
🔭 Markiere die Position unseres Sonnensystems.

Betrachte die Galaxis aus dem Blickwinkel unseres Sonnensystems: Du siehst nun die Scheibe von der Seite. Dies erklärt, warum du am Nachthimmel einen weißen Streifen voller Sterne siehst.

ANDERE GALAXIEN

In unserer Gegend

Mit großen Teleskopen beobachten Astronomen ununterbrochen die anderen Galaxien des Universums. Einige sind jedoch auch mit bloßem Auge zu erkennen, wie z. B. die Andromedagalaxie. Sie ist im gleichnamigen Sternbild Andromeda (siehe Seite 50) als kleiner, verschwommener und schwacher Lichtfleck zu erkennen. Die Andromedagalaxie ist 2,5 Millionen Lichtjahre von uns entfernt und besteht aus 300 Milliarden Sternen.

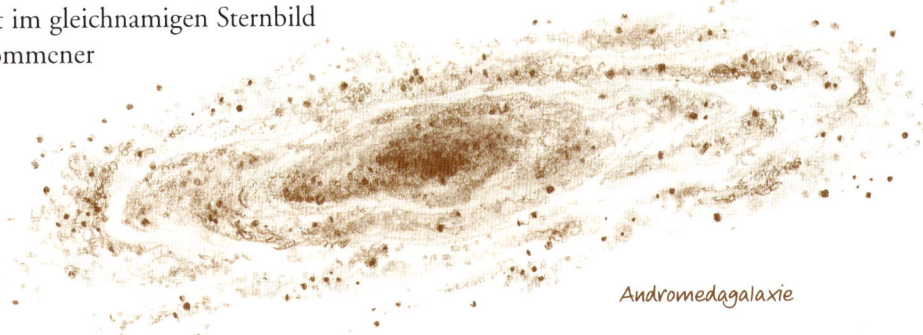

Andromedagalaxie

Auf der Südhalbkugel

Von der anderen Seite der Erde aus kann man jede Nacht zwei kleine Galaxien erkennen: die Kleine und die Große Magellansche Wolke.

NEBEL UND STERNHAUFEN

Am Himmel befinden sich neben Sternen, dem Mond und den Planeten noch viele andere, weiter entfernte Objekte. Hast du schon einmal von kosmischen Nebeln und Sternhaufen gehört? Hast du vielleicht sogar selbst schon welche entdeckt? Der französische Astronom Charles Messier hat diese Objekte im 18. Jahrhundert sorgfältig in einem Katalog aufgelistet. Jetzt bist du an der Reihe!

KOSMISCHE NEBEL

Steckbrief

Im Sternbild des Orion (siehe Seite 52) findest du unter dem Sternengürtel in der Mitte einen weißen Fleck: Das ist der Orionnebel. Diese riesige Wolke aus Gas und Staub ist Teil unserer Galaxis, jedoch sehr weit von unserem Sonnensystem entfernt. Durch ein Fernrohr kannst du die hellen, gashaltigen Bereiche von den dunklen, staubhaltigen unterscheiden.

BEOBACHTUNGSTIPP

Um Nebel oder Sternhaufen am Himmel schärfer sehen zu können, richte deinen Blick ein wenig neben den Fleck. Diese Technik wird in der Astronomie »indirektes Sehen« genannt und eignet sich vor allem für schwach leuchtende Himmelsobjekte.

Geburt eines Sterns

Sterne entstehen in Nebeln, und zwar dann, wenn Wasserstoff so stark zusammengedrückt wird, dass er extrem heiß wird. Du kennst das vielleicht von deiner Luftpumpe am Fahrrad: Je stärker du drückst, desto mehr wird das Gas zusammengedrückt und desto heißer wird die Pumpe. In einem Nebel fallen Gaswolken regelmäßig in sich zusammen, das Gas wird zusammengedrückt und erhitzt sich: Es entsteht schließlich ein leuchtender Stern.

1. Zusammenfallen der Wolke

Die Gaswolke fällt in sich zusammen und verdichtet sich. Die Temperatur steigt.

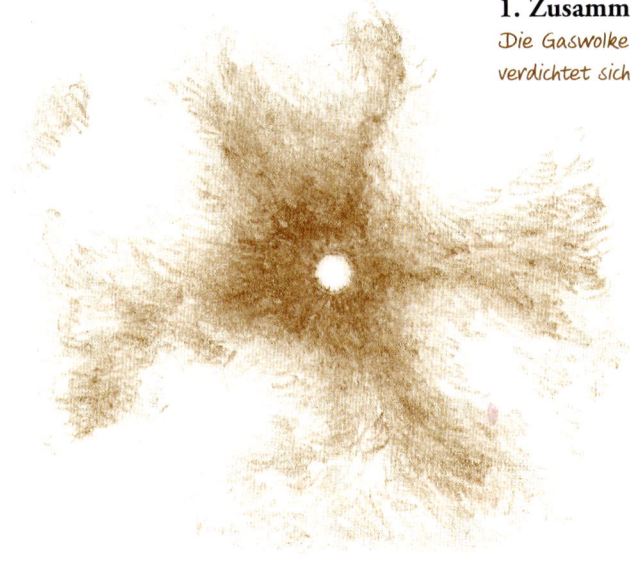

2. Protostern

Wenn ein Stern gerade dabei ist zu entstehen, nennt man ihn Protostern. Der Protostern setzt immer mehr Energie frei.

3. Neuer Stern

Der Stern ist nun geboren und leuchtet nach allen Seiten.

STERNHAUFEN

Eine Gruppe von »Kindern«

Noch junge Sterne sind sehr heiß und leuchten bläulich (siehe Seite 58). Sie bilden meistens Gruppen, sogenannte Sternhaufen. Oft werden Sterne innerhalb einer Galaxie nämlich auch in Gruppen geboren, zerstreuen sich dann aber im Weltraum.

Sternhaufen der Plejaden

Die Plejaden

Wenn du im Winter zum Sternbild des Stieres (siehe Seite 53) blickst, erkennst du daneben eine Ansammlung von Sternen, die man »Plejaden« oder auch »Sieben Schwestern« nennt. Ist der Himmel nicht ganz klar, erkennst du wahrscheinlich nur einen Fleck. Bei klarem und trockenem Wetter kannst du jedoch sieben bläuliche Sterne entdecken, mit einem Fernglas sogar mehrere Dutzend. In Wirklichkeit besteht der Sternhaufen der Plejaden aus mehr als 1 000 Sternen. Sie gingen aus einem Nebel hervor und befinden sich 400 Lichtjahre von der Erde entfernt.

STERNE

Am Himmel kannst du Tausende Sterne leuchten sehen.
Einige davon leuchten sehr hell, andere farbig, wieder andere dienen den Menschen zur Orientierung. Der für uns bedeutendste Stern ist jedoch die Sonne. Nur durch ihr Licht und ihre Wärme ist Leben auf der Erde überhaupt möglich.

Warm oder kalt?
Bei klarem Himmel kannst du Sterne mit unterschiedlichen Farben erkennen. Im Sternbild des Orion (siehe Seite 52) ist Beteigeuze (die rechte Schulter des Jägers) beispielsweise rot, während Rigel (am linken Bein unten) blau leuchtet. Die Farbe eines Sterns gibt uns an, wie warm er ist: Ein blauer Stern ist heiß (etwa 11 000 °C), ein roter weniger heiß (etwa 3 000 °C). Das kannst du dir leicht merken, indem du die Farben am Wasserhahn einfach umdrehst!

Woher kommt das Funkeln?
Man unterscheidet zwischen der Helligkeit eines Sterns und seinem Funkeln, also einer Veränderung seines Glanzes. Ein Stern glänzt nämlich nicht gleichbleibend: Sein Licht wird auf dem langen Weg zur Erde von der Atmosphäre, die uns umgibt, gestört und abgelenkt.

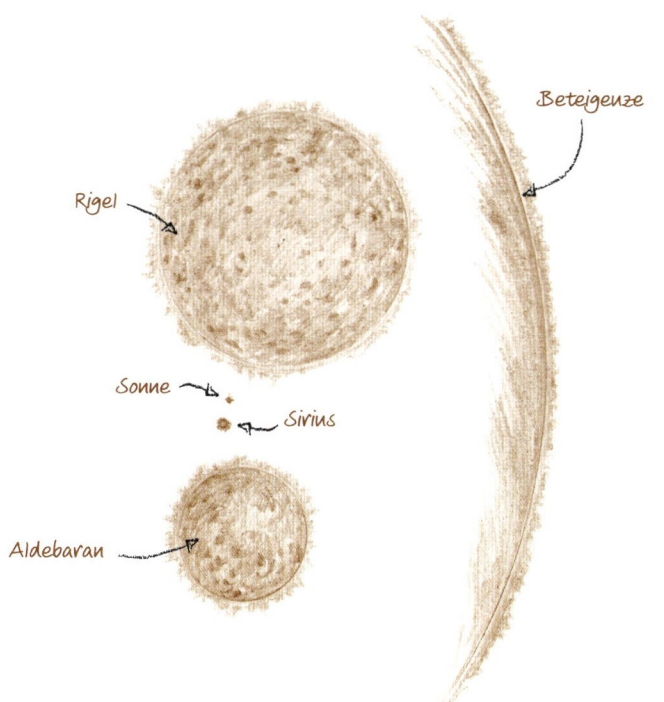

Beteigeuze

Rigel

Sonne

Sirius

Aldebaran

Sternkataloge

Schon die ersten Sternforscher führten Listen über die Sterne, die sie am Himmel entdecken konnten. Du kannst es ihnen gleichtun und die Merkmale besonders auffälliger Sterne in einer Tabelle notieren. Anschließend kannst du deine Aufzeichnungen mit Einträgen aus astronomischen Büchern vergleichen.

	Stern 1	Stern 2	Stern 3
Sternbild, zu dem er gehört			
Position innerhalb des Sternbildes			
Datum und Uhrzeit der Sichtung			
Helligkeit (stark, mittel, schwach)			
Funkeln (stark, schwach)			
Farbe			

Größenverhältnisse

Auch wenn es für uns schwer zu glauben ist, gehört die Sonne zur Kategorie der kleinen Sterne. Zu den riesigen Sternen zählen:

🔭 Beteigeuze (Sternbild des Orion), der 650-mal größer als unsere Sonne ist.

🔭 Aldebaran (Sternbild des Stiers), der 44-mal größer ist. Sirius (Sternbild des Großen Hundes) dagegen ist etwa gleich groß wie unsere Sonne. Da er sich im Vergleich zu Beteigeuze näher an der Erde befindet, scheint er aber heller als dieser.

»5-STERNE-URLAUB«

Solltest du einmal Urlaub auf der Südhalbkugel machen, dann hast du die Möglichkeit, völlig neue Sterne und Sternbilder zu entdecken:

🔭 Proxima Centauri z. B. ist mit nur 4,22 Lichtjahren Abstand der sonnennächste Stern.

🔭 Die 4 Sterne des Sternbildes Kreuz des Südens dienen der Orientierung und zeigen in Richtung Süden.

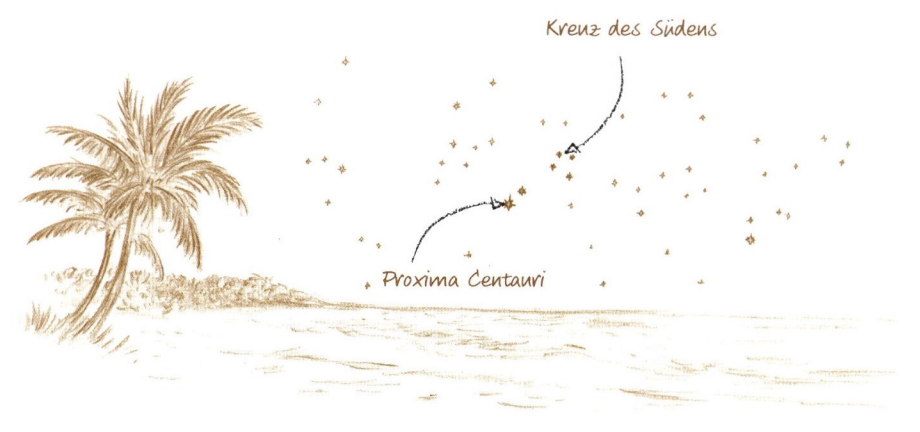

Kreuz des Südens

Proxima Centauri

WÖRTERVERZEICHNIS

✨ **Anziehungskraft**

Kraft, die den gegenseitigen Abstand von Körpern oder Teilchen zu verringern sucht, so auch bei Himmelskörpern. Sie bewirkt z. B., dass wir auf der Erde stehen können und nicht einfach davonfliegen. Sie wird auch Gravitation genannt.

✨ **Äquator**

Gedachte Linie, die die Erde in die nördliche und südliche Halbkugel teilt und von beiden Polen gleich weit entfernt ist.

✨ **Atmosphäre**

Gashülle, die einen Planeten umgibt.

✨ **Breitengrad**

Winkel (in Grad) zwischen einem Punkt auf der Erdoberfläche und dem Äquator. Deutschland liegt zwischen dem 47. und 55. Grad nördlicher Breite.

✨ **Galaxie**

Ansammlung von mehreren 100 Milliarden Sternen, Gas- und Staubwolken. Unsere Galaxie wird auch Galaxis genannt.

✨ **Himmelskörper**

Sammelbezeichnung für alle natürlichen Körper im Weltall.

✨ **Lichtjahr**

Maßeinheit für die Entfernung von Himmelskörpern; entspricht der Strecke, die das Licht in einem Jahr zurücklegt (etwa 10 000 Billionen km).

✨ **Meteor**

Leuchterscheinung, die beim Eintritt eines Körpers in die Erdatmosphäre entsteht. Meteore werden auch Sternschnuppen genannt.

✨ **Meteorit**

Kleiner Gesteins- oder Metallbrocken, der aus dem Weltraum auf unsere Erde trifft. Es kann sich dabei um das Bruchstück aus einem Asteroiden, dem Planeten Mars, dem Mond oder einem Kometen handeln.

✨ **Milchstraße**

Bezeichnung für den hellen Streifen am Nachthimmel. Der Begriff »Milchstraße« bezeichnet auch unsere gesamte Galaxis.

✨ **Nebel**

Riesige Gas- und Staubwolke, in der ein neuer Stern entstehen kann.

✨ **Nullmeridian**

Gedachte senkrechte Linie zwischen dem Nord- und dem Südpol.

✨ **Objektiv**

Linse am Ausgang eines Fernglases oder Fernrohrs. Je größer das Objektiv, desto leistungsfähiger ist das Gerät.

✨ **Okular**

Linsensystem, durch das man mit dem Auge in ein Beobachtungsinstrument zur Vergrößerung von Himmelskörpern blickt.

✨ **Opposition**

Ein Planet steht in Opposition, wenn er von der Erde aus betrachtet genau gegenüber der Sonne steht. Dies betrifft nur die Planeten Mars, Jupiter, Saturn, Uranus und Neptun.

✨ **Planet**

Nicht selbst leuchtender Himmelskörper, der sich um einen Stern dreht.

✨ **Rotationsachse**

Achse durch die Mitte eines Körpers, um die er sich selbst dreht.

✨ **Satellit**

Natürlicher Himmelskörper oder künstlicher Raumflugkörper, der einen Planeten umkreist.

⭐ Sonnenzeit

Uhrzeit, die gewöhnlich von einer Sonnenuhr angezeigt wird; wird auch wahre Ortszeit genannt, da es hier z. B. 12 Uhr mittags ist, wenn die Sonne am höchsten steht. Die Sonnenzeit steht im Gegensatz zur sogenannten Zonenzeit, die die vereinheitlichte und allgemein gültige Uhrzeit innerhalb der jeweiligen Zeitzone angibt.

⭐ Stern

Himmelskörper, der Energie in Form von Licht abgibt.

⭐ Sternbild

Gruppe von Sternen, die von den Menschen als Figur gedeutet wird (z. B. Orion, Stier).

⭐ Umlaufbahn

Bahnkurve, die ein Himmelskörper aufgrund der Anziehung um einen größeren Himmelskörper beschreibt.

⭐ Universum

Gesamtheit aller Dinge.

ZUM WEITERLESEN

⭐ www.esa.int

⭐ www.avgoe.de

⭐ www.sternwarte-recklinghausen.de

⭐ www.schuelerforum.fh-mainz.de

AKTUELLE STERNKARTEN

⭐ www.sternfreunde-muenster.de

⭐ www.astroviewer.de